Grauer Kapitalmarkt

Sigmund P. Martin / Nina Scherer / Diana Hube / Guntram Scheer

Grauer Kapitalmarkt

Anlegerschutz durch Strafrecht?

Bibliografische Information der Deutschen Nationalbibliothek
Die Deutsche Nationalbibliothek verzeichnet diese Publikation
in der Deutschen Nationalbibliografie; detaillierte bibliografische
Daten sind im Internet über http://dnb.d-nb.de abrufbar.

Coverabbildung:
#94561215, photo 5000/ Fotolia.com

Gedruckt auf alterungsbeständigem,
säurefreiem Papier.

ISBN 978-3-631-67109-2 (Print)
E-ISBN 978-3-653-06409-4 (E-Book)
DOI 10.3726/ 978-3-653-06409-4

© Peter Lang GmbH
Internationaler Verlag der Wissenschaften
Frankfurt am Main 2016
Alle Rechte vorbehalten.
PL Academic Research ist ein Imprint der Peter Lang GmbH.

Peter Lang – Frankfurt am Main · Bern · Bruxelles · New York ·
Oxford · Warszawa · Wien

Diese Publikation wurde begutachtet.

www.peterlang.com

Vorwort

Der vorliegende Band ist der Abschlussbericht eines bei der Hochschule des Bundes für öffentliche Verwaltung, Fachbereich Kriminalpolizei beim Bundeskriminalamt, durchgeführten Forschungsprojekts. Das Forschungsprojekt widmet sich der Fragestellung, inwieweit der strafrechtliche Anlegerschutz rund 25 Jahre nach der Einführung der speziellen Strafvorschrift des § 264a StGB, mit dem gerade Betrügereien auf dem „Grauen Kapitalmarkt" erfasst werden sollten, in diesem Marktsegment funktioniert.

Die Aktualität der Fragestellung zeigt sich in den Aktivitäten des Gesetzgebers, der Ende 2011 das „Gesetz zur Novellierung des Finanzanlagenvermittler- und Vermögensanlagenrechts", 2013 das „Kapitalanlagegesetzbuch" und 2015 das „Kleinanlegerschutzgesetz" verabschiedet hat.

Diese Gesetze resultieren aus einer von der Finanzmarktkrise angestoßenen Initiative zur Verbesserung des Anlegerschutzes. Kennzeichnend für die verabschiedeten Gesetze ist, dass sie keine Änderung im Strafrecht brachten, sondern den Problemen des Anlegerschutzes auf dem „Grauen Kapitalmarkt" allein mit öffentlich-rechtlichen Regulierungsmechanismen begegnen. Vor diesem Hintergrund untersucht das Forschungsprojekt die Frage, ob neben öffentlich rechtlichen Regulierungen das Strafrecht – oder möglicherweise auch das Zivilrecht – einen Beitrag zu einem verbesserten Anlegerschutz leistet beziehungsweise leisten könnte.

Der Bericht wurde im September 2014 abgeschlossen und war nun lediglich im September 2015 insoweit zu aktualisieren, dass das Anlegerschutzgesetz, das damals nur als Referentenentwurf vorlag, mittlerweile – in seinen wesentlichen Punkten unverändert – Gesetz geworden ist. Das am 10.07.2015 in Kraft getretene „Kleinanlegerschutzgesetz" verschärft im Wesentlichen das Vermögensanlagengesetz mit seiner Novellierung.

Neben den Verfassern des nachfolgenden Berichts gehörten dem Projektteam noch folgende weitere Kolleginnen und Kollegen der Hochschule des Bundes für öffentliche Verwaltung, Fachbereich Kriminalpolizei, an, für deren Mitarbeit wir uns an dieser Stelle herzlich bedanken möchten: Thorsten Heyer, Aylin Akbulut und Marc Colussi.

Ein besonderer Dank gilt der Kanzlei Schirp, Neusel und Partner und dem mit dieser Kanzlei zusammenarbeitenden Aktionsbund Aktiver

Anlegerschutz e.V. In dieser Kanzlei konnte der Projektleiter Sigmund P. Martin vor seiner Tätigkeit beim Bundeskriminalamt selber praktische Erfahrungen in der Problematik des zivilrechtlichen Anlegerschutzes sammeln und wurde für die Problematik einer Gesamtbetrachtung des Anlegerschutzes mit den Mitteln des Zivilrechts, Öffentlichen Rechts und Strafrechts sensibilisiert. Herr Dr. Wolfgang Schirp und Frau Kerstin Kondert haben zudem wertvolle Beiträge als Teilnehmer der beiden im Rahmen des Forschungsprojekts durchgeführten Expertenhearings geleistet.

Wiesbaden, September 2015

Dr. Sigmund P. Martin
Nina Scherer
Diana Hube
Guntram Scheer

Inhaltsverzeichnis

2. Teil: Die Ergebnisse der Befragung der Schwerpunktstaatsanwaltschaften und der Anlegeranwälte zum Phänomen des „Anlagebetrugs" am „Grauen Kapitalmarkt" und dessen strafrechtlicher Verfolgung

§ 4 Die Allgemeine Relevanz der Anlagedelikte am „Grauen Kapitalmarkt"

4. Teil: Gesamtergebnis

Abkürzungsverzeichnis

§	Paragraph
a.A.	anderer Ansicht
a.a.O.	am angegebenen Ort (bezieht sich auf die vorhergehende oder dieselbe Fußnote)
AcP	Archiv für die civilistische Praxis
AE	Alternativ Entwurf
AIFM	Alternative Investment Fund Managers (Directive)
AMF	Autorité des marchés financiers
Aufl.	Auflage
BaFin	Bundesanstalt für Finanzdienstleistungsaufsicht
BB	Der Betriebs-Berater
Beschl. v.	Beschluss vom
BGB	Bürgerliches Gesetzbuch
BGBl.	Bundesgesetzblatt
BGH	Bundesgerichtshof
BGHSt	Entscheidungen des Bundesgerichtshofes in Strafsachen
BGHZ	Entscheidungen des Bundesgerichtshofes in Zivilsachen
BMF	Bundesministerium der Finanzen
BMI	Bundesministerium des Inneren
BMEL	Bundesministerium für Ernährung und Landwirtschaft
BMJV	Bundesministerium der Justiz und für Verbraucherschutz
BörsG	Börsengesetz
BR-Drucks.	Bundesrat-Drucksachen
BSI	Bundesamt für Sicherheit in der Informationstechnik
BT-Drucks.	Bundestagsdrucksache
bzw.	beziehungsweise
d.h.	das heißt
Ebenda	ebendaselbst

FS	Festschrift
GesellschR	Gesellschaftsrecht
Hrsg.	Herausgeber
hrsg.	herausgegeben
i.d.R.	in der Regel
i.V.m.	in Verbindung mit
KAGB	Kapitalanlagegesetzbuch
KWG	Gesetz über das Kreditwesen
LK StGB	Leipziger Kommentar zum StGB
MüKO	Münchener Kommentar (zum StGB)
NJW	Neue Juristische Wochenschrift
NK-StGB	Nomos Kommentar zum Strafgesetzbuch
o.	oben
o.ähnl.	oder ähnlich
O.V.	ohne Verfasser
PKS	Polizeiliche Kriminalstatistik
Rdnr.	Randnummer
RE	Referentenentwurf
RIW	Recht der internationalen Wirtschaft (Zeitschrift)
SEC	Securities and Exchange Commission
StGB	Strafgesetzbuch
StPO	Strafprozessordnung
u.	unten
Urt. v.	Urteil vom
VerkProspG	Verkaufsprospektgesetz
VermAnlG	Vermögensanlagengesetz
vgl.	vergleiche
VO	Verordnung
VZBV	Verbraucherzentrale Bundesverband
WiKG	Gesetz zur Bekämpfung der Wirtschaftskriminalität
wistra	Zeitschrift für Wirtschaft, Steuer, Strafrecht
WM	Wertpapier Mitteilungen
WP	Das Wertpapier
WPg	Die Wirtschaftsprüfung
WpHG	Wertpapierhandelsgesetz
z.B.	zum Beispiel

ZBB	Zeitschrift für Bankrecht und Bankwirtschaft
ZGR	Zeitschrift für Unternehmens- und Gesellschaftsrecht
ZHR	Zeitschrift für das gesamte Handels- und Wirtschafts-recht
zit.	zitiert
ZKA	Zentraler Kreditausschuss
ZStW	Zeitschrift für die gesamte Strafrechtswissenschaft

Abbildungs- und Tabellenverzeichnis

§ 1 Einleitung

Der vorliegende Bericht gibt die Ergebnisse einer Studie zum Anlagebetrug auf dem Grauen Kapitalmarkt wieder. Die Themen „Anlegerschutz" bzw. „Anlagebetrug" und „Kapitalanlagebetrug" auf dem „Grauen Kapitalmarkt" sind in letzter Zeit verstärkt in den Mittelpunkt politischer und wissenschaftlicher Debatten gerückt. Hieraus haben sich verschiedene Initiativen zur Verbesserung des Anlegerschutzes entwickelt – wie z.b. die Verabschiedung eines „Gesetzes zur Novellierung des Finanzanlagevermittler- und Vermögensrechts"[1] im Jahr 2012. Auch in allerjüngster Zeit bildet das Thema den Anlass zu weiteren Gesetzgebungsinitiativen: Die neueste Initiative heißt „Aktionsplan Verbraucherschutz im Finanzmarkt" und zielt ausdrücklich auf die Beseitigung von „Missständen auf dem ‚Grauen Kapitalmarkt' ab".[2]

Anschließend an ein im März 2012 durchgeführtes Expertenhearing, bei dem bereits erste Erkenntnisse in Thesenform festgehalten werden konnten, wurden im Rahmen einer Expertenbefragung darüber hinaus tiefgreifende und weiterführende Erkenntnisse realisiert. Das vorliegende Projekt beschäftigt sich mit der Effektivität normativer Hintergründe und Gegebenheiten – wie insbesondere der speziellen Strafrechtsnorm des § 264a StGB – zum Phänomenbereich des Anlagebetrugs auf dem „Grauen Kapitalmarkt". Dabei bezieht sich die Studie schwerpunktmäßig auf Praxiserfahrungen, die auf Basis einer retrospektiven Betrachtung seitens der beteiligten Experten und einer Relevanzbewertung erhoben wurden.

Die empirische Studie möchte darüber hinaus auch insofern einen Beitrag zur Verbesserung des Opferschutzes leisten, als dass anhand der gewonnenen Erkenntnisse potentiell bestehende gesetzliche Regelungslücken

---

1 Dieses Gesetz vom 06.12.2011 ist am 01.6.2012 in Kraft getreten; BGBl. 2011, Teil 1, S. 2481; vgl. dazu *Leuering*, NJW 2012, 1905 ff.

2 Am 22. Mai 2014 haben der Bundesminister der Justiz und für Verbraucherschutz Maas und der Bundesminister der Finanzen Schäuble den gemeinsamen Aktionsplan zum Schutz von Kleinanlegern im Finanzmarkt vorgestellt. S. dazu die Vorstellung des Aktionsplans durch eines der beteiligten Ministerien und die Stellungnahme der BaFin: *BMJV*, Aktionsplan, und *BaFin*, Aktionsplan.

aufgedeckt werden. Zudem lag das Ziel dieses Studienteils zunächst darin, eine umfassende, flächendeckende Darstellung zu rechtlichen, polizeilichen und phänomenbezogenen Erkenntnissen anzufertigen sowie darüber hinaus aufgrund der daraus gewonnenen Rückschlüsse konkrete Handlungsoptionen für den Bereich Prävention auf der Opferseite und Intervention auf der Täterseite bereit zu stellen.

Der vorliegende Abschlussbericht behandelt in einem einführenden Teil zunächst kurz den rechtlichen Hintergrund (§ 2) und dann das methodische Vorgehen (§ 3). Bei der Darstellung des rechtlichen Hintergrundes werden die wichtigsten Grundlagen des strafrechtlichen, öffentlich-rechtlichen und zivilrechtlichen Anlegerschutzes erörtert. Dabei wird zunächst die Spezialvorschrift des Kapitalanlagebetrugs nach § 264a StGB vorgestellt. Aus dem Bereich der öffentlich-rechtlichen Regulierung werden insbesondere die wesentlichen Veränderungen des Anlegerschutzes durch das Vermögensanlagengesetz aus dem Jahr 2011 näher erläutert. Daneben werden aktuelle Gesetzesinitiativen vorgestellt. Schließlich wird auf die Grundzüge des zivilrechtlichen Anlegerschutzes eingegangen. In dem methodischen Teil wird eingangs die Stichprobe, das heißt die konkrete Auswahl und Zusammensetzung der Studienteilnehmer, näher beschrieben. Zudem wird das Forschungsdesign hinsichtlich der Bildung von Arbeitshypothesen, der gewählten Erhebungsmethode sowie des Auswertungsverfahrens erläutert.

Im zweiten Teil (§§ 4–7) werden die Ergebnisse der Befragung der Schwerpunktstaatsanwaltschaften und der Anlegeranwälte zum Phänomen des „Anlagebetruges" am „Grauen Kapitalmarkt" und dessen strafrechtlicher Verfolgung vorgestellt, wobei die Ergebnisse der Befragung der Schwerpunktstaatsanwaltschaften im Vordergrund stehen und punktuell – soweit es um allgemeine oder strafrechtliche Bezüge geht – um Aussagen aus der Befragung der Anlegeranwälte ergänzt werden. Im Einzelnen widmet sich § 4 ausführlich einer Beschreibung und Analyse der erhobenen Daten zu Einzelaspekten des allgemeinen Phänomens „Anlagebetrug" am „Grauen Kapitalmarkt" – wie z.B. dessen Fallaufkommen und der Anzahl der Verfahren. § 5 stellt die Spezifika der Verfahren – wie insbesondere die beteiligten Akteure, d.h. Täter und Opfer – in den Fokus der Analyse. Dabei werden die als typisch zu erachtenden Tätermerkmale sowie deren modi operandi auf die Möglichkeit der Erstellung einer Tätertypologie überprüft. § 6 befasst sich speziell mit der Anwendung der Strafnorm des

Kapitalanlagebetrugs (§ 264a StGB) in der Praxis. In § 7 werden die Einschätzungen der Experten zur Sinnhaftigkeit von gegenwärtigen und zukünftigen Präventions- und Interventionsmaßnahmen dargestellt, wobei der Schwerpunkt auf der Frage liegt, welchen Beitrag die Staatsanwaltschaft zur allgemeinen Prävention bzw. Bekämpfung von Anlagebetrug leisten kann.

Im dritten Teil (§§ 8 bis 10) wird auf solche besonderen zivilrechtlichen Aspekte aus der Befragung der Anlegeranwälte eingegangen, die nicht schon als Ergänzungen zu den Befragungsergebnissen der Schwerpunktstaatsanwaltschaften verwendet werden konnten, weil es bei diesen Stellungnahmen weniger um das allgemeine Phänomen des Anlagebetruges und die Anwendung der Strafrechtsnormen geht als vielmehr um die spezielle Funktion des Zivilrechts bei der Bekämpfung des Anlagebetrugs. Daher werden in § 8 die besonderen zivilrechtlichen Aspekte des Anlagebetrugs auf dem „Grauen Kapitalmarkt" – wie z.b. die Erfolgschancen von deliktischen Ansprüchen – dargestellt. § 9 widmet sich speziell der faktischen Bedeutung des § 264a StGB im Zivilrecht. In § 10 werden die Einschätzungen der Anlegeranwälte zur Sinnhaftigkeit von gegenwärtigen und zukünftigen Präventions- und Interventionsmaßnahmen dargestellt, wobei der Schwerpunkt auf der Frage nach Möglichkeiten der Synergien von straf- und zivilprozessualen Vorgehensweisen liegt.

In dem abschließenden § 11 werden die aus allen relevanten Teilaspekten gewonnenen Erkenntnisse zusammengefasst und die daraus resultierenden Ergebnisse und mögliche Präventions- und Interventionsmaßnahmen vorgestellt.

1. Teil: Rechtlicher Hintergrund der Problematik und Methodik der Untersuchung

§ 2 Rechtlicher Hintergrund

A. Die Spezialvorschrift des Kapitalanlagebetruges (§ 264a StGB)

I. Die mit der Einführung der Vorschrift verbundenen Ziele

Schon vor rund 25 Jahren gab es die Sorge, dass es im Bereich der Kapitalanlagen keinen hinreichenden Schutz der Anleger vor Betrügereien gab. Dies führte mit dem am 01.08.1986 in Kraft getretenen „Zweiten Gesetz zur Bekämpfung der Wirtschaftskriminalität" zur Einführung des § 264a StGB als einer Strafvorschrift, die speziell Anlagebetrug sanktionieren sollte.[3] Mit der Einführung dieser Vorschrift war die Erwartung verbunden, sie könne bestehende Rechtslücken schließen und eine wirksame Bekämpfung der Wirtschaftskriminalität in diesem Bereich bewirken.[4]

So wollte man mit § 264a StGB zum einen den individuellen Vermögensschutz stärken, indem potentielle Kapitalanleger vor Schaden bewahrt werden sollten.[5] Zum anderen sollte die neue Strafvorschrift die Vertrauenswürdigkeit des Kapitalmarktes steigern und das Funktionieren des Kapitalmarktes sichern. Diese beiden Werte des Schutzes des individuellen Vermögens einerseits und des Schutzes des kollektiven Gutes der Funktionsfähigkeit des Kapitalmarktes werden auch heute noch überwiegend als die von § 264a StGB geschützten Rechtsgütern angesehen.[6] Als Ergänzung zu § 263 StGB, dessen Anwendbarkeit die Schädigungsabsicht und den Eintritt eines Vermögensschadens voraussetzen, soll durch § 264a bereits die Vermögensgefährdung unter Strafe gestellt werden.[7]

---

3 Gesetz vom 15.05.1986, BGBl. I, S. 721, 722.

4 *BT-Drucks.* 10/318, S. 1.

5 *BT-Drucks.* 10/318, S. 22 f. *Schröder* spricht davon, dass es bei § 264a StGB im Verhältnis zu § 263 StGB um ein zum selbständigen Tatbestand erhobenes Versuchsdelikt handele, bei dem die vier Merkmale des objektiven Tatbestandes des § 263 StGB bis auf das Täuschungsmerkmal gekappt wurden; vgl. *Schröder*, Handbuch, S. 8.

6 Vgl. z.B. *Cramer / Perron*, in: *Schönke / Schröder*, StGB, § 264a Rdnr. 1; *Fischer*, StGB, § 264a Rdnr. 2; *Hellmann*, in: *NK-StGB*, § 264a Rdnr. 8.

7 *BT-Drucks.* 10/318, S. 22.

II. Die Bedeutungslosigkeit der Vorschrift bei den veröffentlichten Entscheidungen sowie in der Verurteiltenstatistik und in der polizeilichen Kriminalstatistik

Als Strafnorm gelangt § 264a StGB kaum zur Anwendung. Dies lässt sich sowohl für die Zeit direkt nach seiner Einführung wie für die Folgejahre und die jüngste Zeit zeigen. Obwohl man von einer eigens zur Bekämpfung einer bestimmten Kriminalitätsform geschaffenen Strafvorschrift eigentlich erwarten dürfte, dass sie häufig und erfolgreich zur Anwendung gelangt, spielt § 264a StGB in der Rechtsanwendung kaum eine Rolle. Veröffentlichte Entscheidungen zu dieser Vorschrift gibt es praktisch nicht.[8]

Die Strafverfolgungsstatistik des Statistischen Bundesamtes zeigt für die Anfangsjahre nach Einführung der Vorschrift 1987 bis 1991 durchschnittlich fünf Verurteilungen pro Jahr.[9] Von 2001 bis 2010 sind es ebenfalls rund fünf Verurteilungen (2001: 8 Verurteilungen; 2002: 9 Verurteilungen; 2003: 7 Verurteilungen; 2004: zwei Verurteilungen; 2005: sieben Verurteilungen; 2007: vier Verurteilungen; 2008: vier Verurteilungen; 2009: drei Verurteilungen und 2010: fünf Verurteilungen).[10] Die jüngsten Zahlen für die Jahre 2011 und 2012 belegen 5 bzw. 3 Verurteilungen.[11] Dies sind keine nennenswerten Zahlen, was noch deutlicher wird, wenn man die Zahl der Verurteilungen wegen Kapitalanlagebetrug mit den Verurteilungszahlen für verwandte Delikte vergleicht. So finden sich in der Strafverfolgungsstatistik in den entsprechenden Zeiträumen jährlich rund 50.000 Verurteilungen

---

8 Zu nennen sind vereinzelte Entscheidungen zum einen zu der Spezialfrage, ob die kurze presserechtliche Verjährung bei falschen Prospektangaben gilt – vgl. dazu BGH, Beschl. v. 27.05.2004, 1 StR 187/04 (juris); BGHSt 40, 385 ff.; OLG Köln, NJW 2000, 598 ff. – und zum anderen eine Entscheidung des BGH zum Merkmal der „erheblichen Umstände" in § 264a Abs.1 StGB – BGH, NJW 2005, 2242.
9 Im Einzelnen ergeben sich folgende Zahlen: 1987: "93" Verurteilungen; 1988: vier Verurteilungen; 1989: sechs Verurteilungen; 1990: sechs Verurteilungen; 1991: drei Verurteilungen – siehe Statistisches Bundesamt, Strafverfolgung 1987, S. 18; 1988, S. 22 f.; 1989, S. 22 f.; 1990, S. 24 f.; 1991, S. 46. Die amtlich veröffentlichten Zahlen von 1987 sind nach Auskunft des statistischen Bundesamtes nicht korrekt. Vielmehr ist von einer korrigierten Zahl von 8 Verurteilungen für das Jahr 1987 auszugehen; siehe näher *Martin*, Criminal Securities, S. 176 f.
10 Vgl. *Statistisches Bundesamt*, Rechtspflege, Jahre 2001–2010.
11 Vgl. *Statistisches Bundesamt*, Rechtspflege, Jahre 2011 und 2012.

wegen Betrugs (§ 263 StGB) und rund 200 Verurteilungen wegen Versicherungsbetrugs (§ 265 StGB).[12]

In der polizeilichen Kriminalstatistik (PKS) finden sich zwar höhere Zahlen für den Kapitalanlagebetrug, doch sind sie auch hier im Verhältnis zu anderen verwandten Delikten sehr gering:[13] Die PKS weist für den in der PKS unter der Schlüsselnummer 513000 als „Prospektbetrug" erfassten § 264a StGB in den Jahren 2001–2012 im Durchschnitt 200 Fälle pro Jahr aus. Im Jahr 2013 beliefen sich die Fallzahlen für den Prospektbetrug auf 19, für den Versicherungsbetrug hingegen auf 255 (Schlüsselnummer 517410) und für den Anlagebetrug nach § 263 auf 6.121 (Schlüsselnummer 513200).[14] Dies zeigt, dass auch schon bei den erfassten Verdachtsfällen der Kapitalanlagebetrug eine untergeordnete Rolle spielt.

III. Die Problematik der komplexen Tatbestandsfassung

1. Die Tatobjekte

Insbesondere *Zieschang* hat – in einem Beitrag zu Goltdammers Archiv für Strafrecht, der auf seinen Vortrag im Rahmen des ersten Hearings zum hiesigen Forschungsprojekt zurückgeht[15] – die Erklärung dafür, dass § 264a StGB – auf der Grundlage der veröffentlichten Entscheidungen sowie den Zahlen der Kriminalstatistik und der Verurteiltenstatistik – kaum Anwendung findet, hauptsächlich darauf zurückgeführt, dass die Vorschrift aufgrund der Vielzahl ihrer nicht einfach zu handhabenden Tatbestandsmerkmale für die Praxis nicht handhabbar sei.[16] Diese Gedanken sollen im Folgenden nachgezeichnet und überprüft werden.

---

12 Vgl. insbes. *Statistisches Bundesamt*, Strafverfolgung 1987, S. 18; 1988, S. 22 f.; 1989, S. 22 f.; 1990, S. 24 f.; 1991, S. 22 f. und *Statistisches Bundesamt*, Rechtspflege, Jahre 2011 und 2012.

13 S. *BKA*, PKS, 2001–2012, Grundtabelle 01 und vgl. näher zur Bewertung dieser Zahlen *Zieschang*, GA 2012, 607, 608 und *Hellmann*, in: *NK-StGB*, § 264a Rdnr. 4 sowie *Wohlers / Mühlbauer*, in: MüKO StGB, § 264a Rdnr. 11 mit exemplarischen Zahlen zu den Jahren 2009 (36 Fälle des Prospektbetruges), 2010 (231 Fälle des Prospektbetruges) und 2011 (145 Fälle des Prospektbetruges).

14 S. *BMI*, PKS 2013, S. 67.

15 S. dazu unten unter § 3 C II.

16 *Zieschang*, GA 2012, 607, 609 ff.

Unklar sind zunächst die Tatobjekte, die das Gesetz als „Wertpapiere, Bezugsrechte oder Anteile, die eine Beteiligung an dem Ergebnis eines Unternehmens gewähren sollen, oder Anteile an einem Vermögen, das ein Unternehmen im eigenen Namen, jedoch für fremde Rechnung verwaltet,“ aufführt. Insbesondere der Begriff des „Bezugsrechts“ ist weitgehend ungeklärt. Schon der Gesetzgeber ließ in der Begründung des Gesetzentwurfes den Begriff offen, in dem er hierzu ausgeführt: „Bezugsrechte sind weder Anteile im Sinne des Tatbestandes noch Wertpapiere, bedürfen hier aber der Gleichstellung.“[17] Bis heute ist der Begriff umstritten. Teils wird eine Anlehnung an den gesellschaftsrechtlichen Terminus propagiert,[18] teils eine eigene strafrechtliche Deutung gefordert.[19] Vor diesem Hintergrund ist insbesondere streitig, ob Options- und Termingeschäfte dem Begriff der Bezugsrechte unterfallen.[20]

Der Begriff der Unternehmensbeteiligungen ist ähnlich schwer zu bestimmen. Umstritten ist insbesondere, ob Bauherren-, Bauträger- und Erwerbermodelle von diesem geschützten Anlageobjekt umfasst werden. Während die vorherrschende Meinung dies jedenfalls für einen Großteil der möglichen Fallgruppen ablehnt,[21] hält eine Mindermeinung die Norm für anwendbar.[22]

---

17 *BT-Drucks. 10/318*, S. 22.
18 *Worms*, in: *Assmann / Schütze*, § 8 Rdnr. 59.
19 *Hellmann*, in: NK-StGB, § 264a Rdnr. 18.
20 Vgl. dazu die Übersicht über den Meinungsstreit bei *Hellman*, in: *NK-StGB*, § 264a Rdnr. 19, der neben drei verschiedenen Begründungen für die Nichtanwendbarkeit des § 264a StGB auf Options- und Termingeschäfte, und der Darstellung der Gegenansicht eine differenzierende Auffassung vorstellt und favorisiert.
21 *Cramer / Perron*, in: Schönke / Schröder, § 264a Rdnr. 12; *Lackner / Kühl*, StGB, § 264a Rdnr. 4; *Schröder*, Handbuch, S. 13; *Wohlers / Mühlbauer*, in: MüKo StGB, § 264a Rdnr. 49; *Worms*, in: *Assmann / Schütze*, § 8 Rdnr. 63; *Tiedemann*, in: *LK StGB*, Rdnr. 49; *Cerny*, MDR 1987, 271 (273); *Hellmann*, in: NK-StGB, § 264a Rdnr. 22.
22 *Richter*, wistra 1987, 117, 118; *Schmidt-Lademann*, WM 1986, 1241, 1242.

2. Die Tathandlungen

Unklar bleibt – unter anderem –[23] weiter, welche Tathandlungen von § 264a StGB erfasst sind. So ist insbesondere umstritten, ob bloße mündliche Angaben (wie die telefonische Akquise, der sog. Telefonhandel) als „Darstellungen über den Vermögensstand" von § 264a StGB umfasst werden. Während dies von einigen mit gewichtigen Gründen bezweifelt wird,[24] sehen andere die mündlichen Angaben – unter Berufung auf die Gesetzesbegründung – als „Darstellungen" i.S. des § 264a StGB an.[25]

Auch das „Verschweigen nachteiliger Tatsachen" ist – worauf Zieschang zu Recht hinweist – vage und eröffnet einen interpretierbaren Spielraum. Zunächst ist schon generell umstritten, ob diese Tatvariante als echtes Unterlassungsdelikt oder als eine ausdrückliche Vertypung einer konkludenten Täuschung durch positives Tun einzustufen ist.[26] Nachteilig sollen Tatsachen nach der ganz überwiegend vertretenen Definition dann sein, wenn deren Kenntnis (konkret) geeignet ist, verständige, durchschnittlich vorsichtige Anleger vom Anlageentschluss Abstand nehmen zu lassen.[27] Dabei soll

---

23 *Zieschang* führt noch weitere Unklarheiten auf, auf die es im vorliegenden Zusammenhang aber nicht im Einzelnen ankommt; vgl. *Zieschang*, GA 2012, 607, 611 ff.

24 *Martin*, wistra 1994, 127, 128 f.; *Zieschang*, GA 2012, 607, 612 f.; *Otto*, in Pfeiffer-FS, S. 69, 82; *Hellmann*, in: NK-StGB, § 264a Rdnr. 18.

25 *BT-Drucks*. 10/318, S. 23; *Tiedemann*, in: LK StGB, § 264a Rdnr. 61; *Bosch*, in: *Satzger / Schmitt / Widmaier*, StGB, § 264a Rdnr. 10; *Fischer* Rdn. 12; *Lackner / Kühl*, StGB, *§ 264a* Rdnr. 10; *Cramer / Perron*, in: *Schönke / Schröder*, StGB, § 264a Rdnr. 21; *Schröder*, Handbuch, S. 17; *Cerny*, MDR 1987, 271, 274.

26 Die h.M. stuft das Verschweigen nachteiliger Tatsachen als echtes Unterlassungsdelikt ein; s. dazu *Möhrenschlager*, wistra 1982, 201 (207); *Otto*, WM 1988, 729, 738; *Worms*, wistra 1987, 271 272; *Lackner / Kühl*, StGB, *§ 264a* Rdnr. 12; *Tiedemann*, in: LK StGB, *§ 264a* Rdnr. 61; *Cramer / Perron*, in: *Schönke / Schröder*, StGB, § 264a Rdnr. 27; *Bosch*, in: *Satzger / Schmitt / Widmaier*, StGB, § 264a Rdnr. 16; *Park*, in: *Park (Hrsg.), Kapitalmarktstrafrecht, Teil 3 Kap. 1 T2* Rdnr. 11; Nach a.A. wird vorliegend kein reines Unterlassen sanktioniert – vgl. *Hellman*, in: NK-StGB, § 264a Rdnr. 34; *Wohlers / Mühlbauer*, in: MüKo StGB, § 264a Rdnr. 40.

27 *Cerny*, MDR 1987, 271 (274); *Schröder*, Handbuch, S. 22; *Worms*, in: *Assmann / Schütze*, § 8 Rdnr. 73; *Lackner / Kühl*, StGB, *§ 264a* Rdnr. 12; *Tiedemann*, in: LK StGB, § 264a Rdnr. 87; *Park*, in: *Park (Hrsg.), Kapitalmarktstrafrecht, Teil 3 Kap. 1 T2* Rdnr. 11.

entscheidend sein, ob die Tatsache bei objektiver Betrachtung geeignet erscheine, die Anlageentscheidung negativ zu beeinflussen.[28] Bei Umständen, deren Relevanz für die Rendite und / oder das Risiko der Kapitalanlage nicht evident sind, sei dies eine Frage des Einzelfalles.[29] Vor diesem Hintergrund besteht z.b. Uneinigkeit darüber, ob der Umstand, dass ein Sachverständigengutachten mit negativer Prognose vorliege, mitzuteilen sei.[30]

3. Die „Erheblichkeit"

Die Konkretisierung der „erheblichen unrichtigen Angaben" überließ der Gesetzgeber der Rechtsprechung, in dem er in der Gesetzesbegründung zu § 264a StGB ausführte, der Strafgesetzgeber sei „nicht in der Lage, den Tatbestand in Beziehung konkreter zu formulieren es müsse „der Rechtsanwendung überlassen bleiben, unter Berücksichtigung aller Umstände des Einzelfalles das Merkmal auszufüllen".[31] Auch wenn man nicht so weit geht wie *Zischang,* der hierin ein Kapitulation des Gesetzgebers sieht,[32] führt diese Vorgabe doch dazu, dass der Begriff schwer bestimmbar ist und es unterschiedliche Konkretisierungen für unterschiedliche Anlageformen gibt, wobei außerstrafrechtliche Normen und die zivilrechtliche Rechtsprechung zur Prospekthaftung zu berücksichtigen sind.[33]

Den Ausgangspunkt der Begriffsbestimmung bildet – wie bei der Nachteilhaftigkeit – der verständige, durchschnittlich vorsichtige Anleger.[34] Aufgrund der Unbestimmtheit dieses Begriffs besteht Einigkeit darüber, dass letztlich wertend zu bestimmen ist, welche Gesichtspunkte bei Berücksichtigung von Art und Inhalt der Kapitalanlage für die Entscheidung über die

---

28 *Wohlers / Mühlbauer,* in: MüKo StGB, § 264a Rdnr. 66.
29 *Tiedemann, in: LK StGB,* § 264a Rdnr. 87.
30 Vgl. *Zischang,* GA 2012, 607, 613 unter Hinweis auf die unterschiedlichen Auffassungen von *Fischer,* StGB, § 264a, Rdnr. 15 (bejahend) und *Cramer / Perron,* in: Schönke / Schröder, § 264a Rdnr. 27 (verneinend).
31 BT Drucks. 10/318, S. 24.
32 *Zischang,* GA 2012, 607, 613.
33 Vgl. *Bosch,* in: *Satzger / Schluckebier / Widmaier,* StGB, § 264a Rdnr. 17.
34 BGH NJW 2005, 2242, 2244 f.; *Joecks,* wistra 1986, 142, 146; *Otto,* WM 1988, 729, 738; *Schröder, Handbuch,* S. 23 f.; *Wohlers / Mühlbauer,* in: MüKo StGB, § 264a Rdnr. 68; *Tiedemann, in: LK StGB, § 264a* Rdnr. 73, 87; *Hellman,* in: NK-StGB, § 264a Rdnr. 61.

Beteiligung von Bedeutung sind.[35] Dabei seien die Besonderheiten des jeweiligen Einzelfalles zu beachten.[36] Da es aber praktisch keine Entscheidungen von Revisionsgerichten auf dem Gebiet des Strafrechts gibt, fehlt es an aus Einzelfallentscheidungen gewonnenen Konkretisierungen.

IV. Die Problematik des subjektiven Tatbestandes

Die bereits angeführten Probleme, die mit der Formulierung und aktuellen Ausgestaltung des objektiven Tatbestands des § 264a StGB verbunden sind, führen zu Auslegungsschwierigkeiten, die insofern weitere Schwierigkeiten im subjektiven Tatbestand nach sich ziehen, als sich der Vorsatz des Täters natürlich auf alle Merkmale des objektiven Tatbestands beziehen muss. Es entstehen daher weitere Beweisschwierigkeiten, weil der z.B. Täter nicht nur wissen muss, dass die im Prospekt mitgeteilten vorteilhaften Angaben unrichtig sind, sondern sein Vorsatz auch die tatsächlichen Voraussetzungen der weiteren normativen Merkmale (etwa Wertpapier, Anteil, Prospekt und die Erheblichkeit) umfassen muss.[37] Die Häufung normativer Tatbestandsmerkmale erweist sich im Zusammenhang mit dem Vorsatznachweis als problematisch.[38] Problematisch sind insbesondere die normativen Merkmale „erheblich" und „vorteilhaft" bzw. „nachteilig", da deren Bedeutungsgehalt hinsichtlich der jeweiligen Anlage zumindest laienhaft richtig bewertet sein muss.[39] Im Hinblick auf das Merkmal der Erheblichkeit und / oder Vor- bzw.

---

35 *Joecks*, wistra 1986, 142, 146; *Hellman*, in: *NK-StGB*, § 264a Rdnr. 57 ff., 61; *Park, in: Park (Hrsg.), Kapitalmarktstrafrecht, Teil 3 Kap. 1 T2* Rdnr. 13; *Cramer / Perron, in: Schönke / Schröder, StGB, § 264a* Rdnr. 32; *Fischer, StGB, § 264a* Rdnr. 16; *Tiedemann, in: LK StGB, § 264a* Rdnr. 75; *Wohlers / Mühlbauer*, in: MüKo StGB, § 264a Rdnr. 68.

36 *Cerny*, MDR 1987, 271, 277; *Worms*, in: Assmann / *Schütze*, § 8 Rdnr. 75 f.; *Lackner / Kühl, StGB, § 264a* Rdnr. 13; *Tiedemann, in: LK StGB, § 264a* Rdnr. 75; *Cramer / Perron, in: Schönke / Schröder, StGB, § 264a* Rdnr. 31 ff.; *Park, in: Park (Hrsg.), Kapitalmarktstrafrecht, Teil 3 Kap. 1 T2* Rdnr. 13; *Wohlers / Mühlbauer*, in: MüKo StGB, § 264a Rdnr. 71.

37 Vgl. *Zieschang*, GA 2012, 607, 615.

38 Vgl. *Cerny*, MDR 1987, 271, 278; *Tiedemann, in: LK StGB, § 264a* Rdnr. 92; *Park, in: Park (Hrsg.), Kapitalmarktstrafrecht, Teil 3 Kap. 1 T2* Rdnr. 36; *Cramer / Perron, in: Schönke / Schröder, StGB, § 264a* Rdnr. 36; *Worms*, wistra 1987, 271, 275; *Wohlers / Mühlbauer*, in: MüKo StGB, § 264a Rdnr. 93.

39 Vgl. näher *Bosch*, in: *Satzger / Schluckebier / Widmaier*, StGB, § 264a Rdnr. 19.

13

Nachteilhaftigkeit einer Angabe genügt es nicht, dass der Täter die wertrelevanten Faktoren kennt. Er muss sich vielmehr darüber hinaus auch der Bedeutung für die Anlegerentscheidung oder Werthaltigkeit der Anlage bewusst sein.[40] Weiterhin muss der Täter davon ausgehen, dass der Anleger auf die Richtigkeit und Vollständigkeit der Angaben vertraut.[41]

Der Irrtum über Informationspflichten wird zumeist als Verbotsirrtum i.S. des § 17 StGB eingestuft.[42] Darüber hinaus wird vertreten, dass bei einem solchen Irrtum über Informationspflichten, sogar ein vorsatzausschließender Tatbestandsirrtum in Betracht komme: Seien bestimmte, objektiv als relevant einzustufende Umstände dem Täter unbekannt, liege ein Irrtum über einen Umstand, der zum gesetzlichen Tatbestand gehöre, vor.[43] Generell sei ein Tatbestandsirrtum bei jedem der normativen Tatbestandsmerkmale des § 264a StGB vor, wenn der Täter den Bedeutungsgehalt des Merkmals dem sozialen Sinngehalt nach nicht erfasst habe.[44]

B. Änderungen im Kapitalanlagerecht durch neuere Gesetze

I. Die neueste Entwicklung: Das Kapitalanlagegesetzbuch (KAGB) und der „Aktionsplan Verbraucherschutz im Finanzmarkt"

1. Das KAGB

Das Kapitalanlagegesetzbuch (KAGB) trat vollständig am 22.7.2013 in Kraft.[45] Es dient überwiegend der Umsetzung der Richtlinie 2011/61/EU

---

40 Vgl. BGH v. 16.12.2010 – III ZR 76/10, nach juris; OLG München v. 2.2.2011 – 20 U 4382/10, nach juris; *Cerny*, MDR 1987, 271, 278; *Cramer / Perron, in: Schönke / Schröder, StGB, § 264a* Rdnr. 36; *Worms*, in: Assmann / *Schütze*, § 8 Rdnr. 94.

41 *Fischer*, StGB, § 264a Rdnr. 15; *Wohlers / Mühlbauer*, in: MüKo StGB, § 264a Rdnr. 93.

42 *Worms*, wistra 1987, 271, 275; *Lackner / Kühl*, § 264a Rdnr. 15; *Tiedemann, in: LK StGB, § 264a* Rdnr. 94; *Park, in: Park (Hrsg.), Kapitalmarktstrafrecht, Teil 3 Kap. 1 T2 Rdnr. 35; Cramer / Perron, in: Schönke / Schröder, StGB, § 264a* Rdnr. 36; *Fischer*, StGB, § 264a Rdnr. 20.

43 *Hellman, in:* NK-StGB, § 264a Rdnr. 65; *Wohlers / Mühlbauer*, in: MüKo StGB, § 264a Rdnr. 94; *Cramer / Perron, in: Schönke / Schröder, StGB, § 264a* Rdnr. 36.

44 *Hellman, in:* NK-StGB, § 264a Rdnr. 63 und ähnl. *Wohlers / Mühlbauer*, in: Münchener Kommentar zum StGB, § 264a Rdnr. 94.

45 Gesetz vom 4.7.2013, BGBl. I S. 1981 ff.

(AIFM-Richtlinie) über die Verwaltung alternativer Investmentfonds,[46] regelt aber auch die vorher im Investmentgesetz (InVG) regulierten Wertpapierfonds.[47] Der Anwendungsbereich der AIFM-Richtlinie umfasst sowohl offene als auch geschlossene alternative Investmentfonds (AIFs), unabhängig von deren rechtlicher Struktur. Obwohl die AIFM-Richtlinie ausschließlich den Vertrieb von AIFs an professionelle Anleger, nicht jedoch an Privatanleger regelt, können die Mitgliedstaaten den Vertrieb von AIFs an Privatanleger jedoch gestatten und zu diesem Zweck zusätzliche gesetzliche Schutzmaßnahmen treffen. Von dieser Möglichkeit hat Deutschland mit seiner Umsetzung der AIFM-Richtlinie im KAGB Gebrauch gemacht.

Der im InVG verwendete Begriff „Kapitalanlagegesellschaft" wurde aufgehoben und durch den der „Kapitalverwaltungsgesellschaft" ersetzt. Wie bisher bei einer Kapitalanlagegesellschaft benötigt auch eine Kapitalverwaltungsgesellschaft die Erlaubnis der BaFin. Der Erlaubnisantrag für eine AIF-Kapitalverwaltungsgesellschaft muss umfassende Angaben und Unterlagen enthalten, etwa zur Vergütungspolitik. Von der Erlaubnispflicht ausgenommen sind allerdings AIF-Kapitalverwaltungsgesellschaften, die ausschließlich Spezial-AIFs verwalten. Deren Vermögensgegenstände dürfen bestimmte Schwellenwerte nicht überschreiten. Diese liegen bei 100 Millionen Euro einschließlich Leverage[48] oder 500 Millionen Euro, wenn kein Leverage eingesetzt wird und die Anleger fünf Jahre lang kein Recht haben, ihre Anteile zurückzugeben. Die nicht erlaubnispflichtigen AIF-Kapitalverwaltungsgesellschaften müssen sich lediglich bei der BaFin registrieren und bestimmte Berichtspflichten erfüllen. So müssen sie die Aufsicht zum Beispiel über die größten Risiken und Konzentrationen der

---

46 Zu der europäischen Richtlinie vgl. *BT-Drucks.* 17/12294 und *Weitnauer*, BKR 2011, 143 ff.

47 Vgl. zum folgenden die zusammenfassenden Darstellungen bei *van Kann / Redeker / Keiluweit*, DStR 2013, 1483 ff.; *Burgard / Heimann*, WM 2014, 821 ff.

48 Leverage ist jede Methode, die den „Investitionsgrad" eines Engagements durch sog. „Hebelung" erhöht. Aufgrund der damit verbundenen Risiken für Anleger (und Finanzmarktstabilität) wird die Verwendung von Leverage durch das KAGB streng reguliert. Je nach Fonds-Typ ist der zulässige Leverage begrenzt. So dürfen z.b. geschlossene Publikums-AIF marktübliche Kredite von bis zu 60 % des Fondswertes aufnehmen. S. dazu näher *van Kann / Redeker / Keiluweit*, DStR 2013, 1483, 1487.

von ihnen verwalteten AIFs unterrichten. Eine weitere Ausnahme sieht das KAGB für AIF-Kapitalverwaltungsgesellschaften vor, die nur inländische geschlossene AIFs verwalten, deren Vermögensgegenstände einschließlich Leverage 100 Millionen Euro nicht überschreiten. Zum Schutz der Anleger müssen diese AIF-Kapitalverwaltungsgesellschaften jedoch nicht nur die Registrierungs- und Berichtspflichten einhalten, sondern unter anderem auch Organisations- und Verhaltensregelungen, Verwahrstellenregelungen, Produktvorschriften und die Vertriebsvorschriften für geschlossene AIFs beachten.

Investmentfonds mit Investments unter 100 Millionen Euro fallen also gar nicht unter die Anwendbarkeit des KAGB. Dies lässt nach Ansicht von Fachanwalt Peter Mattil weiterhin die meisten geschlossenen Fonds unangetastet, bei diesen reiche zur Zulassung eine förmliche Anmeldung aus.[49] Auch die Skandalgesellschaft S&K, die mit einer Anzahl kleinerer Fonds laut Staatsanwalt einen dreistelligen Millionenschaden angerichtet hat,[50] hätte sich laut Mattil nach den neuen Regeln bei ihrer Gründung bloß registrieren lassen müssen.[51] Zudem gibt es auch schon Berichte über neu gegründete Gesellschaften, die – wegen der Ausnahmeregelungen – keine Zulassung nach dem KAGB bedürften.[52]

Die Hessische Landesregierung hat vor diesem Hintergrund im Rahmen einer Bundesratsinitiative mit dem Ziel der Verbesserung des Anlegerschutzes[53] zudem darauf hingewiesen, dass aufgrund der Definition des § 1 Abs. 1 Satz 1 KAGB ein Unternehmen u.a. dann nicht als Investmentvermögen gelte, wenn es ein operativ tätiges Unternehmen außerhalb des Finanzsektors sei. Zahlreiche Vermögensanlagen i.S. d. § 1 VermAnlG, wie stille Beteiligungen, GmbH-Anteile oder Namensschuldverschreibungen, fielen daher als gängige

---

49 *Mattil*, Stellungnahme, S. 4 und vgl. Bandzimiera, Anlegerschutz.
50 Vgl. zu den Geschäften der S&K, einem Unternehmen, das ein raffiniertes Schneeballsystem aufgebaut und Tausende Anleger betrogen haben soll, vgl. *Giesen / Wittl / Zydra*, Die Akte Midas – Mutmaßliche Anlagebetrü- ger S&K, Süddeutsche v. 10.03.2013.
51 *Mattil*, Mündliche Stellungnahme bei Anhörung, in: *BT-Drucks.* 17/12294: Protokoll Nr. 17/129, S. 57, ders. Stellungnahme, S. 4 und vgl. Bandzimiera, Anlegerschutz.
52 *Löwer*, cash-online vom 09.09.2013.
53 *BR-Drucks.* 279/14, S. 4 f.

Finanzierungsformen in der Realwirtschaft unter diese Ausnahmeklausel, so dass für sie die im KAGB geregelten Pflichten nicht gelten würden. Bei Vermögensanlagen ohne Mitwirkungs- und Kontrollrechte – wie Genussrechten oder Namensschuldverschreibungen – seien Ausgestaltung und Risikoprofil vom Einzelfall abhängig. Hier sei zu prüfen, wie das bestehende Regulierungsgefälle zu Wertpapieren und Fonds reduziert werden könne.

Trotz des KAGB sind daher für viele Produkte des „Grauen Kapitalmarkts" weiterhin die Regelungen relevant, die kurz zuvor im Rahmen der sog. „Qualitätsoffensive Verbraucherschutz" diesen Bereich des Kapitalmarkts reformierten. Da diese Regelungen zugleich die Diskussion zur Zeit der hier durchgeführten Experten-Befragungen bestimmten, werden im Weiteren (unter § 2 B II) diese Regelungen genauer dargestellt.

2. Das Kleinanlegerschutzgesetz

Das Bundesfinanzministerium legte am 28.07.2014 einen Referentenentwurf (RE) für ein Kleinanlegerschutzgesetz vor.[54] Mit dem Gesetzentwurf sollte das am 22. Mai 2014 von den Bundesministern Dr. Schäuble (Finanzen) und Maas (Justiz und Verbraucherschutz) der Öffentlichkeit vorgestellte Maßnahmenpaket zur Verbesserung des Schutzes von Kleinanlegern umgesetzt werden.[55] Der Bundesrat hat am 12.06.2015 das im April 2015 vom Bundestag[56] verabschiedete Gesetz gebilligt und es trat am 10.07.2015 in Kraft.[57] Gegenüber dem ursprünglichen Entwurf hat der Bundestag lediglich die Vorgaben zur Schwarmfinanzierung (Crowdfunding)[58] und zur Werbung

---

54 *BMF*, Referentenentwürfe: Kleinanlegerschutzgesetz vom 28.07.2014.
55 Vgl. dazu o. Fn. 2.
56 BT-Drucksache 18/3994 *Löwer*, cash-online vom 09.09.2013.
   BR-Drucks. 279/14, S. 4 f.
   BMF, Referentenentwürfe: Kleinanlegerschutzgesetz vom 28.07.2014.
   Vgl. dazu o. Fn. 2.
   vom 11.02.2015 und BT-Drucksache 18/4708 vom 22.04.2015.
57 BGBl. I, Nr. 28 v. 09.07.2015.
58 Der Begriff Crowdfunding, wörtlich übersetzt Schwarmfinanzierung, bezeichnet eine Finanzierungsform, bei der eine Vielzahl von Geldgebern ein konkretes Projekt finanziert. In der Regel werden die Gelder über Crowdfunding-Plattformen im Internet eingesammelt. Crowdfunding-Plattformen sind sehr vielfältig ausgestaltet. Vgl. dazu näher: Müller-Schmale, Crowdfunding.

angepasst. Das Kleinanlegerschutzgesetz verschärft im Wesentlichen das Vermögensanlagengesetz mit dessen Novellierung.

Insbesondere soll die Transparenz von Vermögensanlagen weiter erhöht werden, um einem Anleger vollständige und zum Anlagezeitpunkt aktuelle Informationen über die Vermögensanlage zu verschaffen. Im Einzelnen enthält das Gesetze insbesondere Vorgaben zu folgenden Punkten:[59]

a) Erweiterung der Prospektpflicht im VermAnlG (Art. 2 Nr. 2 des KleinanlegerschutzG)[60]

Der Anwendungsbereich des Vermögensanlagengesetzes wird insoweit erweitert, als nun auch partiarische Darlehen, Nachrangdarlehen und sonstige Anlagen reguliert und eine Prospektpflicht für diese eingeführt werden. Die bisher bestehenden Ausnahmen für Kleinstemissionen bis EUR 100.000, Mitarbeiterbeteiligungen und Vermögensanlagen mit Anteilen von über EUR 200.000 bleiben allerdings bestehen. In Art. 2 Nr. 4 sieht das Gesetz – abweichend vom Referentenentwurf – zudem weitreichende Befreiungen für „Schwarmfinanzierungen", für „soziale Produkte" und für „gemeinnützige Objekte und Religionsgemeinschaften" vor.

b) Einführung einer Mindestlaufzeit der Vermögensanlage (Art. 2 Nr. 5a KleinanlegerschutzG[61]

Vermögensanlagen müssen zudem künftig eine Mindestlaufzeit von 24 Monaten vorsehen, wobei eine Kündigung nur mit einer Frist von mindestens sechs Monaten zulässig ist.

---

59 Vgl. hierzu den Referentenentwurf (o. Fn. 54); dort insbesondere die Übersicht zu den Plänen und Zielen auf S. 1 f. des Referentenentwurfs sowie die Begründung auf S. 23 ff. sowie die Begründungen in den Gesetzgebungsmaterialien (o. Fn. 56).
60 § 1 Abs. 2 VermAnlG soll insoweit geändert werden.
61 Nach § 5 VermAnlG wird insoweit folgender § 5a eingefügt „Vermögensanlagen müssen eine Laufzeit von mindestens 24 Monaten ab dem Zeitpunkt des erstmaligen Erwerbs und eine ordentliche Kündigungsfrist von mindestens sechs Monaten vorsehen..."

18

c) Pflicht, auch nach Beendigung des öffentlichen Angebots
für Vermögensanlagen bestimmte Informationen mitzuteilen
(Art. 1 Nr. 13 des KleinanlegerschutzG)[62]

Der Gesetzesentwurf sieht weiterhin vor, dass Emittenten ihre Anleger auch nach Platzierung der Anlage über wesentliche Entwicklungen unterrichten müssen (Ad-hoc-Publizität).

d) Beschränkung der Werbung (Art. 1 Nr. 14 des
KleinanlegerschutzG)[63]

Als direkte Reaktion auf das Geschäftsgebaren des Unternehmens Prokon[64] wird unter anderem Werbung für Vermögensanlagen mittels Flyern, Postwurfsendungen und im öffentlichen Raum verboten.

---

62 In das VermAnlG wird folgender § 11a eingefügt:
„(1) Der Emittent einer Vermögensanlage ist nach Beendigung des öffentlichen Angebots einer Vermögensanlage verpflichtet, jede Tatsache, die sich auf ihn oder die von ihm emittierte Vermögensanlage unmittelbar bezieht und nicht öffentlich bekannt ist, unverzüglich zu veröffentlichen, wenn sie geeignet ist, die Fähigkeit des Emittenten zur Erfüllung seiner Verpflichtungen gegenüber dem Anleger erheblich zu beeinträchtigen ...
(2) Der Emittent hat die Tatsache vor der Veröffentlichung der Bundesanstalt mitzuteilen.
(3) Die betreffenden Tatsachen sind zur Veröffentlichung Medien zuzuleiten ...“
63 § 12 des VermAnlG wird wie folgt gefasst:
„(1) Der Anbieter hat dafür zu sorgen, dass in Werbung für öffentlich angebotene Vermögenslagen, in der auf die wesentlichen Merkmale der Vermögensanlage hingewiesen wird, ein Hinweis auf den Verkaufsprospekt und dessen Veröffentlichung aufgenommen wird.
(2) Der Anbieter hat dafür zu sorgen, dass in Werbung für öffentlich angebotene Vermögensanlagen der folgende deutlich hervorgehobene Warnhinweis aufgenommen wird: Der Erwerb dieser Vermögensanlage ist mit erheblichen Risiken verbunden und kann zum vollständigen Verlust des eingesetzten Vermögens führen...“
64 Vgl. zu dem Zusammenhang der Pleite des Unternehmens Prokon und der Gesetzesinitiative z.B. O.V., Prokon-Insolvenz; vgl. außerdem die Begründung des Referentenentwurfs (o. Fn. 54), S. 23 u. 33.

e) Kollektiver Verbraucherschutz als Aufsichtsziel
(Art. 1 Nr. 1 des KleinanlegerschutzG)[65]

Schließlich wurde der kollektive Verbraucherschutz als ein Aufsichtsziel der BaFin im Finanzdienstleistungsaufsichtsgesetz gesetzlich verankert und die BaFin erhielt weiter gehende Eingriffsrechte, die es ihr ermöglichen, „alle Anordnungen zu treffen, die geeignet und erforderlich sind, um verbraucherschutzrelevante Missstände zu verhindern oder zu beseitigen".

II. Die „Qualitätsoffensive Verbraucherschutz"

Im Jahr 2009 wurde die „Qualitätsoffensive Verbraucherschutz" ins Leben gerufen, um die Qualität der Finanzberatung zu verbessern, Anleger vor Falschberatungen und anderen Risiken zu schützen, insgesamt also den Verbraucherschutz bei Finanzdienstleistungen zu verbessern und somit das Vertrauen in die Finanzmärkte zu stärken[66]. In diesem Rahmen angekündigte Maßnahmen sollten sich sowohl auf den regulierten als auch auf den Bereich des „Grauen Kapitalmarktes" beziehen.

Aus dieser Initiative resultierten insbesondere zwei Gesetze: das „Anlegerschutz- & Funktionsverbesserungsgesetz"[67] (AnlSchG) und das hier im Fokus stehende „Gesetz zur Novellierung des Finanzanlagenvermittler- und Vermögensanlagenrechts" (VermAnlG). Während das AnlSchG vor allem Regulierungsvorschriften für die Berater in Banken und Finanzinstituten enthält,

---

65 In § 4 des Finanzdienstleistungsaufsichtsgesetzes v. 22. 04. 2002 (BGBl. I S. 1310) wird nach Absatz 1 folgender Absatz 1a eingefügt werden: „(1a) Die Bundesanstalt ist innerhalb ihres gesetzlichen Auftrags auch dem Schutz der kollektiven Verbraucherinteressen verpflichtet. Unbeschadet weiterer Befugnisse nach anderen Gesetzen kann die Bundesanstalt gegenüber den Instituten und anderen Unternehmen, die nach dem Kreditwesengesetz, dem Zahlungsdiensteaufsichtsgesetz, dem Versicherungsaufsichtsgesetz, dem Wertpapierhandelsgesetz, dem Kapitalanlagegesetzbuch sowie nach anderen Gesetzen beaufsichtigt werden, alle Anordnungen treffen, die geeignet und erforderlich sind, um verbraucherschutzrelevante Missstände zu verhindern oder zu beseitigen, wenn eine generelle Klärung im Interesse des Verbraucherschutzes geboten erscheint ..."
66 Vgl. BMEL, Pressemitteilung Nr. 048 vom 24.02.11.
67 Gesetz zur Stärkung des Anlegerschutzes und Verbesserung der Funktionsfähigkeit des Kapitalmarkts vom 5.4.2011, BGBl. Teil I, S. 538.

betrifft das VermAnlG die freien Finanzvermittler. Das AnlSchG enthält unter anderem Verschärfungen des Aufsichtsrechts für Wertpapierdienstleistungsunternehmen, und verpflichtet diese zur Erstellung eines Beratungsprotokolls, welches dem Verbraucher auszuhändigen ist, und schreibt – erstmals gesetzlich – das standardisierte Informationsblatt für Anlageprodukte, den sog. „Beipackzettel" zur Beschreibung der wesentlichen Informationen des Finanzinstrumentes, vor.[68] Vom ursprünglichen Gesetzesentwurf zum AnlSchG war auch die Graumarktregulierung umfasst; die für Banken und Sparkassen im regulierten Bereich des Kapitalmarkts geltenden Pflichten sollten auf die Anbieter im Grauen Kapitalmarkt ausgedehnt werden.[69] Die Entscheidung, ob die Aufsicht über Produkte des „Grauen Kapitalmarktes" weiterhin durch Gewerbebehörden oder durch die BaFin ausgeübt werden soll, war von Anfang an umstritten: Im Referentenentwurf zum AnlSchG war seitens des Bundesministeriums für Finanzen eine umfassende Überwachung durch die BaFin vorgesehen.[70] Letztlich stellte man diese Problematik aber zurück und verlagerte die Regulierung der freien Vermittler aus dem AnlSchG in ein selbständiges Gesetzgebungsverfahren.[71] Der Grundkonflikt setzte sich damit im Gesetzgebungsverfahren zur Novellierung des Finanzanlagenvermittler- und Vermögensanlagenrechts zwischen der Regierungskoalition, dem Bundesrat und den beteiligten Verbänden fort.[72]

III. Die Auswirkungen der Neuregelung auf Produkte des grauen Kapitalmarkts

Der Kern der Neuregelung besteht darin, dass den weiterhin grundsätzlich gewerberechtlich regulierten freien Vermittler einzelne zusätzliche Pflichten auferlegt wurden, die den Anlegern eine erhöhte Transparenz der Anlage ermöglichen sollen.[73] Zu diesen Anforderungen gehören insbesondere die

---

68 S. dazu näher unten unter C I 3.
69 Vgl. zur Entwicklungsgeschichte des AnlSchG und des VermAnlG *Wagner*, NZG 2011, 609, 611.
70 Vgl. *BMF*, Diskussionsentwurf.
71 Vgl. *Wagner*, NZG 2011, 609, 611.
72 Vgl. dazu im Einzelnen näher unten unter V.
73 S. zu diesen Pflichten näher im Folgenden unter IV.

Pflichten, Beratungsprotokolle zu erstellen und Produktinformationsblätter auszuhändigen. Des Weiteren wurden die Vorgaben für Verkaufsprospekte von Vermögensanlagen verschärft und den Vermittlern schärfere Qualifizierungs- und Registrierungspflichten, die die Berufszulassung betreffen und insbesondere einen Sachkundenachweis durch Sachkundeprüfung und das Erfordernis einer Berufshaftpflichtversicherung verlangen, auferlegt. Hier sind vor allem die erweiterten Berufszulassungsregelungen (Sachkundenachweis durch Sachkundeprüfung, Berufshaftpflichtversicherung) zu erwähnen. Zudem besteht die Pflicht zur Eintragung in ein öffentliches Vermittlerregister.

IV. Ausgewählte Regelungen des Vermögensanlagengesetzes (VermAnlG) im Einzelnen

1. § 1 VermAnlG: Anwendungsbereich des Gesetzes

§ 1 VermAnlG eröffnet den Anwendungsbereich des Gesetzes für „Vermögensanlagen". Nach der Definition in § 1 Abs. 2 VermAnlG handelt es sich bei den erfassten Vermögensanlagen um nicht in Wertpapieren im Sinne des Wertpapierprospektgesetzes verbriefte Anteile und nicht als Anteile an Investmentvermögen im Sinne des § 1 Abs. 1 des KAGB ausgestaltete, (1) Anteile, die eine Beteiligung am Ergebnis eines Unternehmens gewähren, (2) Anteile an einem Vermögen, das der Emittent oder ein Dritter in eigenem Namen für fremde Rechnung hält oder verwaltet (Treuhandvermögen), (3) Genussrechte und (4) Namensschuldverschreibungen. Diese Vermögensanlagen werden nunmehr als Finanzinstrumente im Sinne des WpHG und des KWG qualifiziert, so dass die Beratung und der Vertrieb dieser Produkte von deren Anwendungsbereich erfasst werden und der BaFin-Aufsicht unterliegen.[74] Die Anwendung der spezialgesetzlichen Vorschriften bleibt aber auf Wertpapierdienstleister / Finanzinstitute beschränkt (Art. 3 Ziffer 2 a / Art. 4 Ziffer 1 b VermAnlG). Sie bedürfen der Erlaubnis der „zuständigen Behörde", also der Gewerbebehörden.

Die in § 1 Abs. 2 VermAnlG abschließende Legaldefinition wird mit nachvollziehbaren Argumenten kritisiert, da nur die diesen entsprechenden

---

74 Siehe Artikel 3 VermAnlG zur Änderung des § 2 WPHG, sowie Artikel 4 VermAnlG zur Änderung des § 1 KWG.

Kategorien zuzuordnenden Anlageformen dem Anwendungsbereich unterfallen, innovative und besonders riskante Anlagemodelle aber nicht erfasst
werden und somit Umgehungstatbestände geschaffen werden; der Forderung nach einer offenen Definition wurde jedoch nicht nachgekommen.[75]
Bisher waren nahezu alle geschlossenen Fonds erfasst. Seit Inkrafttreten des
KAGB fallen diese jedoch grundsätzlich nicht mehr unter das VermAnlG.[76]

2. §§ 6–12 VermAnlG: Verkaufsprospekt

Wie oben erwähnt, bestand bereits seit 2005 für Graumarktprodukte eine
Verkaufsprospektpflicht. Während die BaFin die Verkaufsprospekte bislang
lediglich formell daraufhin prüfte, ob die die gesetzlichen Mindestangaben
im Prospekt enthalten waren, wird der Prüfungsumfang nun auf Kohärenz
(Widerspruchsfreiheit) und Verständlichkeit der Angaben erweitert. Eine
Prüfung auf inhaltliche Richtigkeit findet nach wie vor nicht statt. Dieser
Umstand ist durch einen deutlichen Hinweis auf dem Deckblatt des Prospektes sichtbar zu machen (vgl. § 7 Abs. 2 VermAnlG). Diese Formulierung
wurde auf Anregung des Bundesrates eingefügt, damit der Anleger diese
für ihn außerordentlich relevante Information möglich nicht übersehen
kann.[77] Inhalt und Aufbau des Verkaufsprospektes werden gem. § 7 Abs. 3
VermAnlG einer Rechtsverordnung überlassen.

3. § 13 VermAnlG: Vermögensanlagen-Informationsblatt

Zur schnelleren Vergleichbarkeit mit den Merkmalen anderer Finanzinstrumente besteht für die als Vermögensanlagen definierten Produkte nun die
Pflicht zur Erstellung eines „Beipackzettels". Die wesentlichen Informationen über die über die Vermögensanlage soll in übersichtlicher und leicht
verständlicher Weise auf bis zu drei DIN-A-4 Seiten dargestellt werden.
Nähere Bestimmungen zu Inhalt und Aufbau werden abermals einer Rechtsverordnung überlassen.

---

75 *VZBV*, Stellungnahme, S. 4.
76 Die Aufzählung geschlossener Fonds wurde mit Wirkung zum 22. Juli 2013
durch Gesetz vom 4. Juli 2013 (BGBl. I S. 1981) aufgehoben. Vgl. hierzu
Horbach, in: *Münchener Handbuch GesellschR*, Bd. 2, § 69 Prospekthaftung
Rdnr. 10–29.
77 *BR-Drucks.* 209/11 (Beschluss) v. 27.5.2011, Stellungnahme des Bundesrates.

In **Abschnitt 3** des Gesetzes finden sich Vorschriften zur Rechnungs-legung und Prüfung. §§ 21–26 VermAnlG sehen die Erstellung und Be-kanntmachung von Jahresberichten vor. Unabhängig von der Rechtsform des Emittenten besteht eine Verpflichtung einen Jahresabschluss nebst La-gebericht aufzustellen. Die nun geltende Pflicht zur Vorlage eines geprüf-tem Jahresabschlussberichtes soll die Verlässlichkeit der Angaben zu seiner wirtschaftlichen Situation erhöhe. Im **Abschnitt 6** befinden sich Vorschriften zur Prospekthaftung. Auf die Verlängerung der Verjährungsfristen wird im Rahmen dieses Beitrags nicht weiter eingegangen.

4. Art. 5 VermAnlG: Änderungen der Gewerbeordnung

Gemäß Artikel 5 Ziffer 9 VermAnlG werden § 34f und § 34g als neue Vor-schriften der Gewerbeordnung formuliert. Eine Erlaubnispflichtigkeit wird in § 34f Abs. 1 GewO vorgesehen für die Vermittlung von Investmentfonds, geschlossenen Fonds, sowie für sonstige Vermögensanlagen im Sinne des § 1 Abs. 2 VermAnlG. In § 34 f Abs. 2 GewO finden sich die Versagungsgründe für die gewerberechtliche Erlaubnis. Neben den schon bislang geltenden Voraussetzungen der Zuverlässigkeit und des Lebens in geordneten Vermö-gensverhältnissen muss der Antragsteller nunmehr eine Sachkundeprüfung ablegen, um den Nachweis hinreichender Qualifikation im Bereich der An-lageberatung oder Produktvermittlung zu erbringen. Die Relevanz dieser Anforderungen wurde deshalb als hoch bewertet, weil gerade Finanzberater und Finanzvermittler wegen ihres unmittelbaren Kundenkontaktes beson-ders großen Einfluss auf die Anlegerentscheidungen haben.[78]

Eine weitere Voraussetzung für eine Zulassung als Finanzanlagenvermitt-ler ist der Abschluss einer Berufshaftpflichtversicherung. Diese soll sicher-stellen, dass Vermittler über ein hinreichendes Haftungskapital verfügen, und somit eventuelle Klagen eines Anlegers nicht ins Leere laufen.[79] Auch sind die Finanzanlagenvermittler verpflichtet, sich in das bereits für Ver-sicherungsvermittler geführte öffentliche Vermittlerregister eintragen zu lassen. Dadurch soll eine höhere Transparenz gewährleistet werden.

---

78 BMF, Diskussionsentwurf VermAnlG-E, S. 70.
79 A.a.O (Fn. 78), S. 71.

§ 34g GewO enthält wiederum eine Verordnungsermächtigung für den Erlass von Vorschriften über Umfang der Verpflichtungen des Gewerbetreibenden bei der Ausübung seines Gewerbes als Finanzanlagenvermittler. Insbesondere sollen hier Informationspflichten, die Pflicht zur Offenlegung von Provisionen, sowie Regelungen zu Inhalt und Verfahren der Sachkundeprüfung konkretisiert werden. Die Pflichten des WpHG werden also – teilweise – in die Gewerbeordnung übernommen, jedoch im VermAnlG nicht abschließend ausgestaltet. Es folgt jedoch ein Verweis darauf, dass hinsichtlich der Informations-, Beratungs- und Dokumentationspflichten ein dem 6. Abschnitt des WpHG „vergleichbares Anlegerschutzniveau" herzustellen ist. Diese unpräzise Formulierung stieß auf vielfältige Kritik, da diese die Gefahr birgt, dass im Ergebnis eben kein gleichwertiger Anlegerschutz geschaffen wird.[80]

Auch Ausnahmen von der Erforderlichkeit einer Sachkundeprüfung können durch die Rechtsverordnung bestimmt werden. In der „Verordnung zur Einführung einer Finanzanlagenvermittlungsordnung" (FinVermV) wurde die bis zuletzt umstrittene „Alte-Hasen-Regelung" aufgenommen. Nach dieser Regelung bedürfen langjährig (seit 2006) ununterbrochen am Markt tätige Anlagenvermittler oder Anlageberater keiner Sachkundeprüfung.

V. Gewährleistung eines hinreichenden Anlegerschutzes unter Aufsicht der Gewerbeämter?

Die Einhaltung von Verhaltens-, Organisations- und Transparenzpflichten hängt wesentlich von deren staatlicher Beaufsichtigung ab. Ob die Gewerbeämter diese Aufgabe bewältigen können, oder ob eine Überwachung durch die BaFin dringend geboten ist, war – wie oben dargelegt- zentraler Streitpunkt im Gesetzgebungsverfahren. Parteien, Verbände und die zur Anhörung geladenen Sachverständigen vertraten hier unterschiedliche Meinungen. Vor allem Opposition und Verbraucherschutzverbänden positionierten sich hier eindeutig gegen die gewerberechtliche Lösung und den damit einhergehenden Aufsichtsdualismus. Die zersplitterte Regulierung

---

80 ZKA, Stellungnahme.

und Aufsicht wurde dabei als „grundlegendes Konstruktionsproblem"[81] des nunmehr verkündeten VermAnlG angesehen.

Die Koalitionsparteien waren dagegen der Ansicht, dass die BaFin „mit der Aufsicht von 80.000 Finanzanlagenvermittlern überfordert"[82] gewesen wäre. Dem wurde entgegengehalten, dass durch eine Aufstockung der Kapazitäten der BaFin deren Überforderung einfacher zu begegnen gewesen wäre und zudem zu beachten sei, dass die nun nötige Kooperation zwischen der BaFin – bei der alle Verkaufsprospekte hinterlegt sind – und den Gewerbeämtern praktische Probleme mit sich bringe.[83]

Befürworter der gewerberechtlichen Lösung hielten die dezentrale Organisation der Gewerbebehörden auch gerade deshalb für sinnvoll und sachgerecht, da die Finanzvermittlerbranche selbst regional organisiert sei[84]. Dem ist entgegenzuhalten, dass gerade eine zentrale Aufsicht durch die BaFin einen einheitlichen Vollzug über Landesgrenzen hinweg gewährleistet[85] und somit verhindert wird, das unseriöse Vermittler ihre Tätigkeit in weniger streng kontrollierten Regionen ausüben.

In hohem Maße aufschlussreich zu den vorgenannten Punkten ist dabei ein Blick in den Bericht der Bundesregierung zum Grauen Kapitalmarkt aus dem Jahre 1999. Dort heißt es:

Ursächlich für die bislang unzureichende Aufsicht über den „Grauen Kapitalmarkt" ist nach Einschätzung der zuständigen Gewerbeüberwachungsbehörden teilweise die ungenügende personelle Ausstattung und Qualifikation des Personals der Behörden. Hinzu komme, dass die Anbieter unseriöser Produkte vielfach überregional tätig seien und sich durch häufigen Wechsel des Firmensitzes der Aufsicht entziehen würden. Einige Länder weisen auch darauf hin, dass nach ihrer Meinung das Gewerberecht bei der präventiven Bekämpfung von Auswüchsen in diesem Markt an Grenzen

---

81 *BT-Drucks. 17/7453*, Position der SPD, in: Beschlussempfehlung und Bericht des Finanzausschusses v. 25.11.2011, S. 98.
82 *BT-Drucks. 17/7453*, Position der CDU/CSU, in: Beschlussempfehlung und Bericht des Finanzausschusses v. 25.11.2011, S. 97.
83 BT-Drucks. 17/7453, Position von BÜNDNIS 90 / DIE GRÜNEN, in: Beschlussempfehlung und Bericht des Finanzausschusses v. 25.11.2011, S. 100.
84 A.a.O. (o. Fn. 83), S. 4, 97.
85 *BR-Drucks. 674/1/11* v. 11.11.2011, Empfehlung des Finanzausschusses.

stoße".[86] Bankenvertreter machten dagegen geltend, dass die uneinheitlichen Aufsichtsregeln für Banken und Vermittler von Vermögensanlagen den Wettbewerb zu ihren Lasten beeinflussten.[87] Das Argument der Überbelastung kleinerer Betriebe wird von Seiten der Opposition gesprengt:

„Die Argumentation (…) ist ohnehin nicht sachgerecht, da die zumeist mittelständischen Finanzanlagenvermittler nicht ohne die dahinter stehenden, zumeist nicht mittelständischen Finanzdienstleister betrachtet werden können. Die laufende Beaufsichtigung der Finanzanlagenvermittler durch die zuständigen Gewerbebehörden würde folglich solche Finanzdienstleister privilegieren, die ihre Produkte gezielt über Finanzanlagenvermittler vertreiben".[88]

Ob trotz der getroffenen Entscheidung für eine uneinheitliche Regulierung und Aufsicht ein hinreichendes Anlegerschutzniveau geschaffen wird, ist ebenso umstritten. Die Befürworter dieses Gesetzes sehen in der Einführung der Sachkundeprüfung und der Voraussetzung des Nachweises einer Berufshaftpflichtversicherung eine Art Allheilmittel. Die Berufshaftpflichtversicherung würde dazu führen, dass unseriöse Anbieter keinen Versicherungsschutz mehr finden könnten, und somit vom Markt gedrängt würden.[89] Auch hier lässt sich logisch entgegenhalten, dass eine Haftungspflicht erst dann eintritt, wenn der Schadensfall schon vorliegt; eine Verdrängung unseriöser Anbieter auf die erhoffte Weise wäre so auch davon abhängig, dass Geschädigte sich tatsächlich zu einer Klage entschließen.[90]

VI. Der Einfluss auf den Grauen Kapitalmarkt

Der Vorstoß der „Qualitätsoffensive Verbraucherschutz", der mit den Mitteln der Kontrolle das VermAnlG geschaffen hat, bringt zwar punktuelle Verbesserungen (Haftung der Berater; Haftpflichtversicherung), hat aber das Ziel, ein konsistentes Finanzdienstleistungsrecht hervorzubringen, nur

---

86 *BT-Drucks. 14/1633*, Bericht der Bundesregierung zum „Grauen Kapitalmarkt", S. 3.
87 ZKA, o. Fn. 80, S. 3.
88 *BT-Drucks. 17/6051*, Gesetzesentwurf der Bundesregierung v. 6.6.2011, S. 61.
89 BT-Drucks. 17/6051, S. 43.
90 BT-Drucks. 17/7453, Position der Fraktion DIE LINKE, in: Beschlussempfehlung und Bericht des Finanzausschusses v. 25.11.2011, S. 100.

teilweise erreicht. Die Definition der „Vermögensanlagen" bringt zwar eine Erweiterung des regulierten Kapitalmarktes mit sich. Alle Kapitalanlagen des grauen Kapitalmarktes werden jedoch nicht erfasst. Auch ist die Frage nach den anzuwendenden Vorschriften nach wie vor davon abhängig, ob die Vermögensanlagen von Finanzdienstleistungsinstituten bzw. Wertpapierdienstleistungsunternehmen oder aber von freien Vermittlern und Beratern vertrieben werden.

Die einschlägigen Regelungen für Finanzanlagenvermittler (§§ 34f, 34g GewO), wonach sog. freie Vermittler und Anlageberater der gewerbebehördlichen Aufsicht bzw. IHK-Aufsicht auf Landesebene, nicht aber der Aufsicht der BaFin, unterliegen, wurde durch VermAnlG eingeführt, obwohl sich der Bundesrat in Ziffer 11 seiner Stellungnahme zum Entwurf dieses Gesetzes eines Gesetzes zur Novellierung des Finanzanlagenvermittler- und Vermögensanlagenrechts für die Zuweisung der Aufsichtszuständigkeit an die BaFin ausgesprochen hatte.[91] Vor diesem Hintergrund fordert die Hessische Landesregierung in ihrer bereits angesprochenen Gesetzesinitiative eine Überprüfung der Effektivität der bestehenden Struktur der Aufsicht über Finanzanlagevermittler einschließlich der Effektivität des Verwaltungsvollzugs der einschlägigen bundesrechtlichen Regelungen. Die Überprüfung solle sich insbesondere darauf erstrecken, ob gegenwärtig bundesweit eine wirkungsvolle Aufsichtspraxis mit einem effektiven, reibungslosen und einheitlichen Vollzug gewährleistet sei. Für den Fall, dass sich bei der Überprüfung erhebliche Defizite der Funktionsfähigkeit der Aufsichtsstruktur, insbesondere im Lichte des Anlegerschutzes, ergeben sollten, sei eine Übertragung der Aufsichtszuständigkeit auf die BaFin unumgänglich.

Doch bereits schon jetzt kann festgestellt werden, dass der Graue Kapitalmarkt durch das VermAnlG nur nuancenweise erhellt wurde. Seine Graufärbung verliert er dadurch nicht.

---

91 *BR-Drucks. 209/11* (Beschluss).

C. Zivilrechtlicher Anlegerschutz

I. Prospekthaftung

1. Die allgemein-zivilrechtliche Prospekthaftung

Seit dem Jahr 1978 hat der BGH aus dem Gedanken der Vertrauenshaftung und den Grundsätzen der culpa in contrahendo (c.i.c.) die bürgerlich rechtliche Prospekthaftung für die Richtigkeit und Vollständigkeit von Prospekten entwickelt. Diese allgemein-zivilrechtliche Prospekthaftung trat neben die durch Gesetz geregelte Prospekthaftung. Es wird zwischen Prospekthaftung im engeren Sinne und Prospekthaftung im weiteren Sinne unterschieden.

Die Prospekthaftung im engeren Sinn knüpft die Haftung an typisiertes Vertrauen an.[92] Es haften Gründer, Initiatoren und Gestalter des Unternehmens sowie als die sog. Hintermänner alle Personen, die hinter dem Unternehmen stehen und auf des Geschäftsgebaren oder die Gestaltung des konkreten Modells entscheidenden Einfluss nehmen. Die Haftung erstreckt sich außerdem auf die Garanten des Prospektes.[93] Die Prospekthaftung im weiteren Sinne knüpft nicht an dieses typisierte Vertrauen, sondern an die Inanspruchnahme persönlichen Vertrauens in einer vorvertraglichen Beziehung zum Anleger an. Aus Prospekthaftung im weiteren Sinn haftet daher für einen fehlerhaften Prospekt, wer bei den Vertragsverhandlungen als künftiger Vertragspartner, Vertreter, Sachwalter oder Garant gegenüber dem Anleger persönliches Vertrauen in Anspruch nimmt.[94]

Eine vertragliche Haftung des Anlageberaters oder Anlagevermittlers für die Mängel des bei den Vertragsverhandlungen benutzen Prospektes wird also wegen der Verletzung von Pflichten des Beratungs- oder Auskunftsvertrages begründet, wenn sich der Berater die Angaben des fehlerhaften Prospektes zu Eigen macht.[95] Die Rechtsnatur des Vertrages ist je nach Fallgestaltung ein Dienstvertrag mit Geschäftsbesorgungscharakter oder Werkvertrag (bei einmaliger Ratenteilung z.B. durch Steuerberater). Die Anspruchsgrundlagen für den Schadensersatzanspruch sind §§ 280 ff. BGB

---

92 BGHZ 123, 106; BGH, NZG 1999, 609.
93 BGH, Urt. v. 04.02.1985, II ZR 229/84 (juris); BGH, Urt. v. 27.01.2004, XI ZR 37/03 (juris); BGH, Urt. v. 14.06.2007, III ZR 185/05 (juris).
94 *Assmann*, in: Assmann / *Schütze*, § 7 Rdnr. 15; BGHZ 74, 103.
95 Ebenda.

in Verbindung mit dem Vertrag. Anspruchsgegner sind Anlageberater, Anlagevermittler, Steuerberater und Wirtschaftsprüfer. Ansprüche aus Prospekthaftung im weiteren Sinn, deren Verjährung erst zum Ende des dritten Jahres nach Kenntnis des schadensbegründenden Umstandes oder kenntnisunabhängig zehn Jahre nach Beitritt eintritt, setzen wie oben ausgeführt die Inanspruchnahme persönlichen Vertrauens oder ein unmittelbares Vertragsverhältnis zum Anleger voraus. Aus diesem Grund scheidet für diese Ansprüche eine ganze Reihe von Anspruchsgegnern aus.

2. Die gesetzliche Prospekthaftung

Das Anlegerschutzverbesserungsgesetz hat seit dem 01.07.2005 eine im Wesentlichen flächendeckende Prospektpflicht (§ 8 f. VerkProspG) und gesetzliche Prospekthaftung (§§ 13, 13a VerkProspG i.V.m. §§ 44 ff. BörsG) begründet.[96] Danach kann der Anleger Prospekthaftungsansprüche nur dann geltend machen, wenn er das Erwerbsgeschäft nach Veröffentlichung des Prospekts und innerhalb von sechs Monaten nach dem ersten öffentlichen Angebot durchgeführt hat. Die Ansprüche aus der Prospekthaftung verjähren ein Jahr nach dem Zeitpunkt, zu dem der Erwerber von der Unrichtigkeit des Prospekts Kenntnis erlangt hat, spätestens aber – unabhängig von einer Kenntnis über die Unrichtigkeit – nach drei Jahren seit der Veröffentlichung des Prospekts. Haftungsadressaten sind Emittenten und Anbieter.

Das Vermögensanlagengesetz (VermAnlG), das am 1. Juni 2012 in Kraft getreten ist, knüpft für die Anwendbarkeit des Gesetzes an den Begriff der *„Vermögensanlage"* an, der in § 1 Abs. 2 VermAnlG legal definiert ist.[97] Dies wirkt sich insbesondere für die Prospekthaftung auf dem grauen Kapitalmarkt aus: Bei der Prospekthaftung für nicht in Wertpapieren verbrieften Vermögensanlagen richtet sich die Haftung für fehlerhafte Verkaufsprospekte nun nach den §§ 20–22 VermAnlG, wobei § 20 VermAnlG eine eigene Haftungsgrundlage darstellt.

---

96 Vgl. zu der am 1. Juli 2005 erstmals eingeführten Prospektpflicht für Vermögensanlagen: *Spindler,* NJW 2004, 3449, 3454 und *BaFin,* Jahresbericht 2005, S. 138 f.

97 Vgl. hierzu und zu den Einzelregelungen des Gesetzes o. § 2 B IV.

Für Anlagen, die seit dem 22. Juli 2013 nach dem neuen Kapitalanlage-gesetzbuch (KAGB) geregelt werden (beispielsweise Alternative Investment-fonds – AIF), ist die Prospekthaftung in Paragraf 306 VerkaufsprospektG geregelt, Haftungsschuldner ist der Prospektersteller.[98]

II. Deliktische Haftung über § 264a StGB als Schutzgesetz

§ 264a StGB findet als Schutzgesetz in Verbindung mit § 823 BGB bei der Geltendmachung zivilrechtlicher Ansprüche geschädigter Anleger im Rahmen des sog. Deliktsrechts Anwendung. Nach ständiger Rechtsprechung des BGH gilt eine Rechtsnorm als Schutzgesetz, wenn sie einen Einzelnen, eine Gruppe oder die Allgemeinheit vor Verletzung eines Rechtsguts schützen soll. Maßgeblich dabei ist, ob bei Erlass des Gesetzes der Gesetzgeber einen Schutz einzelner oder einer Gruppe ebenso gewollt hat wie den Schutz der Allgemeinheit[99].

Wie oben unter § 2 A I bereits dargestellt, waren sowohl der Schutz der Allgemeinheit als auch der Schutz des Einzelnen ausdrückliches Ziel der Einführung von § 264a StGB.

Der BGH bestätigte § 264a StGB als Schutzgesetz, und zwar ausdrücklich auch mit Hinweis darauf, dass aufgrund anderer gesetzlicher Regelungen bereits verjährte Ansprüche aus Prospekthaftung über § 823 Abs. 2 BGB in Verbindung mit § 264a StGB bei Vorliegen entsprechender Voraussetzungen dem Anleger noch zur Durchsetzung von Schadensersatzansprüchen verhelfen können.[100]

Anspruchsgegner aus § 823 Abs. 2 BGB in Verbindung mit § 264a StGB kann nicht nur der Prospektherausgeber sein, sondern jeder, der den Prospekt nicht nur in untergeordneter Weise beeinflusst.[101] § 264a StGB ist also kein Sonderdelikt, sondern erfasst grundsätzlich jeden, der im Zusammenhang

---

98 Vgl. dazu die Darstellung bei *Horbach*, in: *Münchener Handbuch GesellschR*, Bd. 2, § 69 Prospekthaftung Rdnr. 12.
99 BGH, Urt. v. 21.10.1991, II ZR 204/90, Rz. 18, 19 (juris), BGHZ 116, S. 7 ff.
100 Ebenda.
101 Vgl. OLG Frankfurt, Urt. v. 08.07.2011, 5 U 122/10, Rz. 30 (juris) und *von Heymann*, in: *Assmann / Schütze*, § 8 Rdnr. 81, *Cramer / Perron, in: Schönke / Schröder, StGB, § 264a* Rdnr. 38.

mit dem Vertrieb von Kapitalanlagen falsche Angaben macht.[102] Deshalb führt eine Anspruchsgrundlage aus § 823 Abs. 2 BGB i.V.m. § 264a StGB gegenüber der **zivilrechtlichen Prospekthaftung** im engeren Sinne, die nur Personen erfasst, denen das Publikum aufgrund ihrer Stellung innerhalb oder zu der werbenden Gesellschaft bzw. aufgrund ihrer Mitwirkung bei der Gestaltung des Anlagemodells ein typisiertes Vertrauen entgegenbringt, zu einer Haftungsausweitung.

---

102 Vgl. z.B. *BT-Drucks. 10/318*, S. 23; *Cerny*, MDR 1987, 271, 274; *Cramer / Perron*, in: *Schönke / Schröder, StGB, § 264a* Rdnr. 39.

§ 3 Methodisches Vorgehen im empirischen Projektteil

Nach Literaturrecherche und Aufbereitung der rechtlichen Grundlagen entwickelte das interdisziplinäre Forschungsteam zehn Hypothesen, die als Grundlage für eine explorative Expertenbefragung dienen sollten.[103] Im Rahmen des weiter oben erwähnten Expertenhearings wurden diese Thesen einer ersten fachlichen Prüfung unterzogen und entsprechend modifiziert, um möglichst valide Erhebungsinstrumente zu gewinnen. Nach Identifikation der relevanten Akteure, Prüfung der Möglichkeiten des empirischen Feldzugangs sowie unter Berücksichtigung der Ergebnisse des Expertenhearings wurde u.a. deutlich, dass die Befragung der Opferanwälte einen explorativeren Anteil erwarten ließ als die der Staatsanwaltschaften. Unter Berücksichtigung weiterer befragungsrelevanter Aspekte (z.B. Arbeitsbelastung der Staatsanwaltschaften, formale Vorgaben der Teilnahme, Streuung über das Bundesgebiet vs. geringere Anzahl der im Kapitalanlagerecht etablierten Anwaltskanzleien, direkte persönliche Zugänge) entschied sich das Forschungsteam für einen zweigeteilten Weg der Erhebung, mit dem Ziel, einen möglichst hohen Rücklauf zu generieren:

(1) eine bundesweite, schriftliche Befragung der Schwerpunktstaatsanwaltschaften (Vollerhebung) mit der optionalen Möglichkeit der Beteiligung an einem Telefoninterview;

(2) die Durchführung von leitfadengestützten Experteninterviews mit ausgewählten Anlegeranwälten.

Vor Befragungsdurchführung wurden die Erhebungsinstrumente (Fragebogen und Interviewleitfaden) einem Pretest unterzogen.

A. Die Stichprobe

Im Rahmen der Vorrecherche konnten im Bundesgebiet 36 Schwerpunktstaatsanwaltschaften für Wirtschaftskriminalität sowie acht bundesweit tätige Rechtsanwaltskanzleien, die sich auf Kapitalanlagerecht spezialisiert

---

103 S. dazu näher im Folgenden unter § 3 C.

haben, erhoben werden. Die Studienteilnehmer aus dem Bereich der Staatsanwaltschaften meldeten sich größtenteils auf eine über die jeweiligen Leitenden Oberstaatsanwälte der Schwerpunktstaatsanwaltschaften versendete E-Mail mit einführenden Informationen zur Thematik und der Bitte um Mithilfe für das Forschungsprojekt. Hierbei wurde den Befragten Anonymität in der Auswertung zugesichert. Um den jeweiligen Bedingungen vor Ort Rechnung tragen zu können und einen möglichst hohen Rücklauf zu generieren, wurden den Teilnahmeinteressierten zwei Wege der Beteiligung angeboten: Einerseits die schriftliche Beantwortung des beigefügten, qualitativ geprägten Fragebogens, alternativ die Durchführung eines Telefoninterviews zu einem späteren Zeitpunkt auf Basis des Fragebogens. Insgesamt entschieden sich alle teilnehmenden Staatsanwaltschaften für die schriftliche Beantwortung.

Trotz der bekannt hohen Arbeitsbelastung in den Schwerpunktstaatsanwaltschaften und des eher umfänglichen Fragebogens gelang es letztlich, eine erfreulich hohe Rücklaufquote von fünfzig Prozent (n=18) zu generieren. Auf dieser Basis konnten Erfahrungswerte aus acht Bundesländern, darunter von Staatsanwaltschaften in bekannten „Finanzhochburgen", in die Auswertung einfließen.[104]

Noch höher war die Teilnahmebereitschaft auf Seiten der Rechtsanwälte, letztlich beteiligten sich fünf der acht angeschriebenen Kanzleien an der Umfrage.

Um den Anforderungen des Datenschutzes gerecht zu werden, werden die im Rahmen der Studie erhobenen Daten der einzelnen Teilnehmer nur soweit dargestellt, als dass sie einen groben Überblick bezüglich der Eckdaten der Stichprobe widerspiegeln. Eine nähere Beschreibung muss hier im Rahmen des Ergebnisberichts entfallen, da ansonsten bereits aufgrund der (bewusst) klein gehaltenen Fallzahl Rückschlüsse auf einzelne Personen möglich wären.

---

104 Im Einzelnen waren dies Bayern, Baden-Württemberg, Hessen, Niedersachsen, Nordrhein-Westfalen, Rheinland-Pfalz, Sachsen und Sachsen-Anhalt.

B. Methodik der problemzentrierten (Experten-) Befragung

Für die explorative Studie „Grauer Kapitalmarkt – Anlegerschutz durch Strafrecht?" wurden als Erhebungsmethoden ein qualitativer Fragebogen und alternativ das problemzentrierte Interview auf Basis eines inhaltlich ähnlichen, aber für die Befragungssituation modifizierten Leitfadens gewählt. Dem Forschungsteam schien diese Methode besonders geeignet, da solchen Formen der qualitativen Erhebung ein theoretisch-wissenschaftliches Vorverständnis vorausgeht.[105] Das Vorverständnis beruhte in diesem Fall auf der interdisziplinären Expertise des Forschungsteams, der Analyse bereits vorhandener wissenschaftlicher Studien zur Thematik sowie den im Expertenhearing gewonnenen Erkenntnissen. Die Befragungen orientierten sich inhaltlich zunächst an eher allgemeinen Aspekten der Phänomenologie des Anlagebetrugs auf dem Grauen Kapitalmarkt, um sich anschließend dem konkreten Delikt des *Kapital*anlagebetruges unter Einbezug normativer, phänomenologischer und praxisrelevanter Erkenntnisse zu nähern.

Im Sinne einer qualitativen Vorgehensweise sollten sich die Studienteilnehmer überwiegend frei und somit ohne die Vorgabe bestimmter Antwortalternativen zu den jeweiligen Themenbereichen äußern. Dies hatte den Vorteil, dass die erwünschte subjektive Expertenperspektive der Befragten zum Tragen kommen konnte und thematische Zusammenhänge besonders in den Interviews mit den Rechtsanwälten eigenständig entwickelt wurden. Ziel war es, „die Experten selbst zu Wort kommen zu lassen". Dies allerdings ausschließlich kontextbezogen, d.h. der Experte ist zwar „selbst Teil des Handlungsfeldes (...), das den Forschungsgegenstand ausmacht",[106] jedoch bezieht sich das analytische Interesse nicht auf seine Gesamtperson, sondern ausschließlich auf bestimmte Wissensbereiche, die mit dem Inhalt der Studie in enger Verbindung stehen.[107] Die Anwendung eines strukturierten Leitfadens / Fragebogens trägt dieser Zielsetzung Rechnung.

---

105 Vgl. zu dieser Methode *Flick*, S. 210 ff.; *Lamnek*, S. 363 ff; *Mayring*, S. 67 ff.
106 *Meuser / Nagel*, S. 443.
107 Vgl. *Lamnek*, S. 363.

C. Bildung von Arbeitshypothesen und deren Überprüfung im Expertenhearing

Wie bereits angesprochen, wurden zur Strukturierung des Themenfelds anhand der relevantesten Fragestellungen von der Forschungsgruppe zunächst zehn Arbeitshypothesen formuliert, die das Gerüst für die Diskussion im anschließenden Expertenhearing bildeten. Auf Grundlage dieser Thesen und der Stellungnahmen der Experten wurden die Items für den empirischen Projektpart, die Befragung der Staatsanwaltschaften sowie der im Bereich des Kapitalanlagerechts aktiven Kanzleien, entwickelt.

I. Entwicklung von 10 Arbeitshypothesen zur Diskussion beim Experten-Hearing

Die nachfolgenden Thesen befassen sich zum einen mit dem Phänomen des Anlagebetrugs und zum anderen mit der Spezialvorschrift des Kapitalanlagebetrugs nach § 264a StGB. Sie befassen sich nicht nur mit rechtlichen Fragestellungen, sondern auch mit sozialwissenschaftlichen Fragen nach den typischen Tätern und Opfern. Angesprochen werden auch öffentlich-rechtliche und zivilrechtliche Alternativen des Anlageschutzes. Im Einzelnen wurden folgende Thesen entwickelt:

These 1:
Fälle des Anlagebetruges führen allgemein – und insbesondere über die Spezialvorschrift des § 264a StGB – kaum zu Verurteilungen. Stattdessen wird häufig aus den griffigeren Spezialnormen des Steuerstrafrechts verurteilt.

These 2:
Die geringe Strafverfolgungsquote und eine im Vergleich dazu wiederum deutlich geringere Verurteilungsquote lassen eine abschreckende Wirkung der bisherigen Strafvorschriften so gut wie nicht erwarten.

These 3:
Aus theoretischer Perspektive erleichtern die Rahmenbedingungen des grauen Kapitalmarkts Tätern die Entscheidung zur Deliktsbegehung: Einerseits durch geringe Entdeckungs- und Verfolgungswahrscheinlichkeit (gemäß Rational Choice-Theorie), aber auch durch eine erleichterte Anwendung von Neutralisierungstechniken (z.B. kein Unrecht, naive/gierige Opfer sind es selbst schuld, Gerichte sprechen vom grauen Kapitalmarkt als „großem Glücksspiel"). Eine

eindeutige Einstufung und Verfolgung solcher Delikte als Betrug könnte diesen Effekt und damit die Bereitschaft zur Tatbegehung evtl. mildern.

These 4:

Das grundsätzliche Problem des Kausalnachweises bei Erfolgsdelikten Ist Ursache für die Skepsis, mit strafrechtlichen Mitteln auf dem grauen Kapitalmarkt Wirkung zu erzielen.

These 5:

Das Hauptproblem bei der Anwendung der Strafvorschriften besteht insbesondere bei § 264a StGB darin, dass an den subjektiven Tatbestand hohe Anforderungen gestellt werden, die kaum nachweisbar sind.

These 6:

Ein eindeutiger Modaltyp des Täters ist im Bereich des grauen Kapitalmarkts nicht erwartbar, da sich hier eine Spannweite vom ‚Täter‘, der sich seines (teil-)illegalen Handelns nicht bewusst ist bis hin zum ‚gemeinen Betrüger‘ finden lassen dürfte.

These 7:

Neben eventuellen gesetzgeberischen/strafrechtlichen Defiziten ist die hohe Komplexität der Fallkonstellationen und der damit einhergehende Ressourcenaufwand im Rahmen der Ermittlungen weitere entscheidende Faktoren für das geringe Hellfeld und die noch geringere Verurteilungsstatistik beim Anlagebetrug.

These 8:

Ein grundlegender Konstruktionsfehler des VermAnlG liegt darin, dass eine Marktaufsicht der Bundesanstalt für Finanzdienstleistungen (BaFin) nur beim Vertrieb von Vermögensanlagen durch Kreditinstitute, Finanzdienstleistungsinstitute und Wertpapierdienstleistungsunternehmen vorgesehen ist. Gewerbeaufsichtsämter sind bereits durch ihre dezentrale Organisation ungeeignet, die Aufsicht über die freien Finanzvermittler auszuführen. Des Weiteren fehlen ihnen die Fachkompetenz und Erfahrung, welche nur die BaFin liefern könnte.

These 9:

Die verschärften Anforderungen an die gewerberechtliche Erlaubnis und die Einführung einer Berufshaftpflicht erhöhen den Anlegerschutz nur unzureichend.

Die Berufszulassungsvoraussetzung der Sachkundeprüfung gewährt nicht, dass sachkundiges und anlegerfreundliches Verhalten im späteren Gespräch mit dem Anleger tatsächlich ausgeübt wird. Die kurzfristig eingeführte „Alte-Hasen-Regelung" relativiert die angestrebte Wirkung noch darüber hinaus. Die Berufshaftpflichtversicherungspflicht stellt sicher, dass Finanzvermittler über ein hinreichendes Haftungskapital verfügen. Sie kann jedoch kaum dazu beitragen, unseriöse Anbieter langfristig vom Markt zu verdrängen.

These 10:
Gesetzliche Regelungen zur (Stärkung der) Honorarberatung sind dringend notwendig, weil der Graue Kapitalmarkt gegenwärtig von Produkten dominiert ist, die mit hohen Provisionen vertrieben werden. Der Charakter des Marktes als provisionsgetriebener Bereich schafft Anreize zum Betrug.

II. Das Experten-Hearing

Am 08.03.2012 organisierte der Fachbereich Kriminalpolizei ein Hearing, an dem folgende sieben Experten teilnahmen: Erster Staatsanwalt Michael Erath, Staatsanwaltschaft Stuttgart; Kerstin Kondert, Vorstandsmitglieds des Aktionsbunds Aktiver Anlegerschutz e.V., Berlin; Staatsanwalt Dr. Thorsten Krach, Staatsanwaltschaft Frankfurt a.M.; Dr. Wolfgang Schirp, Fachanwalt für Bank – und Kapitalmarktrecht, Schirp Neusel und Partner, Rechtsanwälte, Berlin; RiOLG Dr. Nikolaus Stackmann, München; Dieter Vogelsang, Vogelsang & Sachs Sachverständigen-Societät für Kapitalanlagen und private Finanzplanung, Bad Homburg, Prof. Dr. Frank Zieschang, Lehrstuhlinhaber für Strafrecht, Strafprozessrecht und Strafrechtsvergleichung, Universität Würzburg.

Einige Experten hielten Impulsvorträge zur Einführung in die drei Schwerpunktbereiche:

(1) Anlegerschutz durch § 264a StGB
(2) Zivilrechtlicher Anlagerschutz und
(3) Anlegerschutz durch öffentlich-rechtliche Regulierung

Dabei ging *Zieschang* in seinem Impulsvortrag zum Strafrecht der Frage nach, warum § 264a StGB in der Praxis keine besondere Bedeutung habe.[108]

---

108 Siehe dazu o. Fn. 16 und vgl. ausführlicher zu den Argumenten *Zieschangs* oben unter § 2 A III und IV.

Die niedrige Anzahl an Verurteilungen stehe im Gegensatz zum tatsächlichen Phänomen der Anlagebetrugs in der Praxis. Der Grund für die praktische Nichtanwendung der Vorschrift liege darin, dass die gesetzgeberische Gestaltung der objektiven Tatbestandsmerkmale in vielerlei Hinsicht missglückt und dass die Strafandrohung unangemessen sei. Das relative milde Strafmaß mit einer Höchststrafe von drei Jahren Freiheitsstrafe führe dazu, dass die Justiz sich primär auf § 263 StGB konzentriere. Bedeutende Nachweisschwierigkeiten entstünden zudem im subjektiven Tatbestand, weil dieser den Vorsatz bzgl. der komplexen objektiven Tatbestandsmerkmale verlange. Schließlich wies *Zieschang* darauf hin, dass mit § 264a StGB eine bloß fünf jährige Verjährungsfrist verbunden ist, die bereits mit dem Abschluss der Verbreitungshandlung beginnt. Dies führe – angesichts der langjährigen Dauer vieler solcher Anlagegeschäfte – oftmals schnell zum Eintritt der Verjährung führe, bevor sich überhaupt herausstelle, dass die Voraussetzungen des § 264a StGB erfüllt seien.

Zieschang zog aus alledem das Fazit, § 264a StGB gewähre keinen effektiven Anlegerschutz und könne in seiner jetzigen Ausgestaltung aus dem Strafgesetzbuch entfernt werden. Die konsequente Anwendung des Betrugstatbestandes vermöge dagegen einen Anlegerschutz zu gewährleisten.

In den weiteren Impulsvorträgen von *Kondert* und *Schirp* wurden Probleme des zivilrechtlichen Anlagerschutzes angesprochen. Beide beleuchteten die Probleme aus Anlegersicht bei Medienfonds und benannten als Probleme des Anlegerschutzes insbesondere, dass die Sachverhaltsaufklärung schwierig sei, die Komplexität des Themas genaue Branchenkenntnis voraussetze, oft die Akteneinsicht in die strafrechtlichen Ermittlungsakten verweigert werde und regelmäßig Verjährungstatbestände zu früh eingriffen. Sie betonten, dass eine Verbesserung des Anlegerschutzes die Zusammenarbeit von Experten verschiedener Disziplinen, die zum einen eine juristische und zum anderen eine wirtschaftliche Perspektive einbringen sollten, erfordere.

Nach einem Überblick über das VermAnlG (*Hube*)[109] wurden insbesondere folgende Aspekte einer strengeren Regulierung der Tätigkeit freier Vermittler unter Aufsicht der Gewerbebehörden diskutiert:

---

109 Dieser Überblick von dem Mitglied des Projektteams *Diana Hube* findet sich in einer ausgearbeiteten Form oben unter § 2 B.

- die Pflicht zur Erstellung von Beratungsprotokollen
- die Pflicht zur Aushändigung von Produktinformationsblättern
- erweiterte Berufszulassungsregelungen (Sachkundeprüfung / Berufshaftpflichtversicherung)

Im Impulsvortrag von *Vogelsang* befasste sich dieser mit den Fragen, ob das Gewerbeamt sinnvollerweise Zulassungsbehörde hinsichtlich privater Vermittler sein könne und ob es einen qualitativen Unterschied machen würde, wenn die BaFin diese Position übernähme. Die BaFin habe analog zu dem Konstrukt „Finanzdienstleistungsinstitut" ein Reporting-/Meldungsprofil, welches weit über das der Gewerbeämter-Lösung hinausgehen würde. Wenn die Zulassung bei den Gewerbeämtern liege, sei dieses Reporting-/Meldungsprofil deutlich geringer ausgeprägt. Andererseits sei ein geringeres Reporting-/Meldungsprofil für die betroffene Vermittlergruppe auch gerechtfertigt. Schließlich seien die Finanzdienstleistungsinstitute in der Lage, fremdes Vermögen zu verwalten, während der Vermittler von Investmentfonds oder auch geschlossenen Beteiligungsmodellen dies üblicherweise nicht sei. Grundsätzlich sei daher das geringere Reporting-/Meldungsprofil überwiegend (mit Ausnahmen) sinnvoll. Die BaFin und die Gewerbeämter hätten aber dennoch beide die gleiche Schwachstelle, dass es nämlich keine eigenen – fachlich kompetenten – qualitativen Überprüfungsansätze hinsichtlich einer Beratung oder gar der vermittelten/empfohlenen Produkte der neuen Vermittlergattung gebe. Zu bezweifeln sei schließlich, ob die Gewerbeämter personell hinreichend ausgestattet seien.

III. Die Überprüfung der Forschungshypothesen

Im Verlauf des Expertenhearings wurden die einzelnen Forschungshypothesen in unterschiedlichem Umfang diskutiert, bzw., wenn die Thesen unstreitig waren, deren Richtigkeit nur kurz festgestellt.

1. Zu Thesen 1 und 2 (fehlende Verurteilungen, fehlende Abschreckung)

„Fälle des Anlagebetruges führen allgemein – und insbesondere über die Spezialvorschrift des § 264a StGB – kaum zu Verurteilungen. Stattdessen wird häufig aus den griffigeren Spezialnormen des Steuerstrafrechts verurteilt."

„Die geringe Strafverfolgungsquote und eine im Vergleich dazu wiederum deutlich geringere Verurteilungsquote lassen eine abschreckende Wirkung der bisherigen Strafvorschriften so gut wie nicht erwarten."

In dem Expertenhearing wurde die vermutete Tendenz zur Vermeidung der Anwendung des § 264a StGB und die Fokussierung auf § 263 StGB von Seiten der beteiligten Staatsanwälte bestätigt (*Erath / Dr. Krach*). Die niedrige Straferwartung wurde als erhebliches Problem herausgestellt *(Dr. Krach)*.

Ein Rückgriff auf Steuervorschriften erfolge aus Sicht der Staatsanwälte selten (*Erath / Krach*), lasse sich aber in Teilbereichen – bei der strafrechtlichen Aufarbeitung einiger Medienfonds – beobachten *(Kondert / Schirp)*. Die Hürden im zivilrechtlichen Bereich (264a StGB i.V.m. § 823 II BGB) wurden als sehr hoch angesehen (*Stackmann / Schirp*), wobei insbesondere auf die Problematik eines möglichen Verbotsirrtums und die Schwierigkeiten bei der Darlegung des Tatbestandsmerkmals der „Erheblichkeit" bei § 264a StGB verwiesen wurde.

Insgesamt teilten die Experten die Auffassung, dass Fälle des Anlagebetruges allgemein – und insbesondere über die Spezialvorschrift des § 264a StGB – kaum zu Verurteilungen führen. Der häufige Rückgriff auf Spezialnormen des Steuerstrafrechts wurde allerdings nicht als allgemeiner Trend gesehen. Nur für Spezialfälle aus dem Bereich der Medienfonds ließe sich ein solcher Rückgriff auf das Steuerstrafrecht belegen. Allerdings wurde zum Verhältnis zwischen § 263 StGB und § 264a StGB festgestellt, dass Verurteilungen wegen Anlagebetruges eher auf die allgemeinere Vorschrift des Betruges als auf die Spezialvorschrift des Kapitalanlagebetruge gestützt würden.

Zu den Auswirkungen der Einführung des § 264a StGB wurde in der Diskussion Einigung darüber erzielt, dass:

– die Einführung des § 264a StGB insofern Auswirkung auf den Kapitalmarktsektor hatte, als insbesondere zahlreiche Verkaufsprospekte überarbeitet wurden – mit der Folge der Hervorbringung extrem umfassende Prospekte mit einer Flut an Informationen (*Kondert*).
– eine präventive Wirkung des § 264a StGB im Übrigen für „bewusste Betrüger" so gut wie ausgeschlossen sei (*Zieschang*).
– bei geschicktem Vorgehen (z.B. bezüglich der Prospektgestaltung) das Strafrecht an seine Grenzen gelange, da ein Vorsatz kaum nachweisbar sei (Stackmann).

2. Zu These 3 (Stigmatisierung / Relativierung)

„Aus theoretischer Perspektive erleichtern die Rahmenbedingungen des grauen Kapitalmarkts Tätern die Entscheidung zur Deliktsbegehung: Einerseits durch geringe Entdeckungs- und Verfolgungswahrscheinlichkeit (gemäß Rational Choice-Theorie), aber auch durch eine erleichterte Anwendung von Neutralisierungstechniken (z.B. kein Unrecht, naive/gierige Opfer sind es selbst schuld, Gerichte sprechen vom grauen Kapitalmarkt als „großem Glücksspiel"). Eine eindeutige Einstufung und Verfolgung solcher Delikte als Betrug könnte diesen Effekt und damit die Bereitschaft zur Tatbegehung evtl. mildern."

Zu dieser Thematik stellten die Anlegerschützer fest, dass es kaum möglich sei, eine Grenze zwischen schuldloser Naivität von Anlegern und einem schuldhaften bewussten Eingehen von hohen Risiken zu ziehen *(Kondert / Schirp)*. Gier und Schuld der Anleger seien in Prozessen schwierig zu bewerten *(Vogelsang)*. Die Frage nach Neutralisationstechniken wurde von allen Beteiligten als sekundär angesehen. Entscheidend sei vielmehr, dass Fälle des Anlegerbetruges nur dann vermindert werden könnten, wenn die Handelnden wüssten, dass sie zur Rechenschaft gezogen würden *(Zieschang)*.

3. Zu Thesen 4 und 5 (Nachweisprobleme bei Kausalität und subjektivem Tatbestand des § 264a StGB)

„Das grundsätzliche Problem des Kausalnachweises bei Erfolgsdelikten ist Ursache für die Skepsis, mit strafrechtlichen Mitteln auf dem grauen Kapitalmarkt Wirkung zu erzielen."

„Das Hauptproblem bei der Anwendung der Strafvorschriften besteht insbesondere bei § 264a StGB darin, dass an den subjektiven Tatbestand hohe Anforderungen gestellt werden, die kaum nachweisbar sind."

Generell wurde von allen Experten bezweifelt, dass der Nachweis der Kausalität eine tragende Rolle spielt. Vielmehr behinderten die von *Zieschang* in seinem Impulsvortrag herausgearbeiteten Probleme der komplexen und unbestimmten objektiven Tatbestandsmerkmale des § 264a StGB primär die Anwendung dieser Vorschrift. These 4 wurde nicht bestätigt.

Daneben wurden von den Experten auch Probleme bei der Nachweisbarkeit des Vorsatzes gesehen, wobei aber auch betont wurde, dass die Probleme des § 264a StGB bereits im objektiven Tatbestand begännen *(Erath)*. Vor diesem Hintergrund ließ sich als korrigierte Fassung der Thesen 4 und 5 folgende zusammenfassende Hypothese aufstellen:

„Hauptproblem bei der Anwendbarkeit des §264a StGB ist der Nachweis seiner komplexen und unbestimmten objektiven Tatbestandsmerkmale sowie des Vorsatzes"

4. Zu Thesen 6 und 7 (Tätertyp / Komplexität der Fälle)

„Ein eindeutiger Modaltyp des Täters ist im Bereich des grauen Kapitalmarkts nicht erwartbar, da sich hier eine Spannweite vom ‚Täter', der sich seines (teil-) illegalen Handelns nicht bewusst ist bis hin zum ‚gemeinen Betrüger' finden lassen dürfte."

„Neben eventuellen gesetzgeberischen / strafrechtlichen Defiziten sind die hohe Komplexität der Fallkonstellationen und der damit einhergehende Ressourcenaufwand im Rahmen der Ermittlungen weitere entscheidende Faktoren für das geringe Hellfeld und die noch geringere Verurteilungsstatistik beim Anlagebetrug."

Die Thesen 6 und 7 wurden aus der Sicht der Experten vollumfänglich bestätigt.

5. Zu These 8 (Marktaufsicht nach dem VermAnlG)

„Ein grundlegender Konstruktionsfehler des VermAnlG liegt darin, dass eine Marktaufsicht der Bundesanstalt für Finanzdienstleistungen (BaFin) nur beim Vertrieb von Vermögensanlagen durch Kreditinstitute, Finanzdienstleistungsinstitute und Wertpapierdienstleistungsunternehmen vorgesehen ist. Gewerbeaufsichtsämter sind bereits durch ihre dezentrale Organisation ungeeignet, die Aufsicht über die freien Finanzvermittler auszuführen. Des Weiteren fehlen ihnen die Fachkompetenz und Erfahrung, welche nur die BaFin liefern könnte".

Die qualitative Arbeit der Gewerbeaufsichtsämter sei im Vergleich zur Aufsicht durch die BaFin deutlich schwächer (*Vogelsang*). Die Frage der Aufsicht sei nicht das zentrale Problem. Auch integre freie Berater könnten dem Vertrieb durch die Banken (quantitative Betriebsvorgaben, spezielle Schulungen zur Überzeugung von Kunden) nicht mehr standhalten. (*Schirp*). Mit einer Aufsicht durch die BaFin würde der Anlegerschutz ebenfalls nicht eklatant verstärkt, da auch dadurch keinerlei inhaltliche Prüfungen vorgenommen würden. Die Frage des Prüfungsinhaltes müsse also in den Vordergrund treten (*Vogelsang, Kondert, Krach*).

These 8 wurde im Wesentlichen bestätigt. Die Aufsicht der BaFin wurde jedoch nicht als „Allheilmittel" zur Verbesserung des Anlegerschutzes angesehen.

6. Zu These 9 (Marktaufsicht nach dem VermAnlG)

„Die verschärften Anforderungen an die gewerberechtliche Erlaubnis und die Einführung einer Berufshaftpflicht erhöhen den Anlegerschutz nur unzureichend.

Die Berufszulassungsvoraussetzung der Sachkundeprüfung gewährt nicht, dass sachkundiges und anlegerfreundliches Verhalten im späteren Gespräch mit dem Anleger tatsächlich ausgeübt wird. Die kurzfristig eingeführte „Alte-Hasen-Regelung" relativiert die angestrebte Wirkung noch darüber hinaus.

Die Berufshaftpflichtversicherungspflicht stellt sicher, dass Finanzvermittler über ein hinreichendes Haftungskapital verfügen. Sie kann jedoch kaum dazu beitragen, unseriöse Anbieter langfristig vom Markt zu verdrängen."

Unter den Experten bestand Einigkeit, dass der Sachkundenachweis nicht zum Anlegerschutz beitrage und dass die „Alte-Hasen-Regelung"[110] zudem die grundsätzlichen Anforderungen verwässere. Die Verpflichtung zum Abschluss einer Berufshaftpflichtversicherung wurde demgegenüber als positiv bewertet *(Vogelsang, Schirp)*. Die Berufshaftpflichtversicherung führe allerdings eventuell dazu, dass die Versicherung gegen den Versicherungsnehmer vorgehe, um vorsätzliches Handeln nachzuweisen *(Zieschang)*. These 9 wird im Wesentlichen bestätigt. Die Pflicht zum Abschluss einer Berufshaftpflichtversicherung wird hingegen positiver beurteilt.

7. Zu These 10 (gesetzliche Regelungen zur Honorarberatung)

„Gesetzliche Regelungen zur (Stärkung der) Honorarberatung sind dringend notwendig, weil der Graue Kapitalmarkt gegenwärtig von Produkten dominiert ist, die mit hohen Provisionen vertrieben werden. Der Charakter des Marktes als provisionsgetriebener Bereich schafft Anreize zum Betrug."

Die Honorarberatung wird allgemein von den Experten befürwortet, wobei allerdings auf eine eher ablehnende Haltung seitens der Anleger hingewiesen wird. Eine nicht offengelegte Provision werde eher akzeptiert als die qualifizierte Honorarberatung mit Stundenhonorar *(Schirp)*.

Die Durchsetzung der an sich positiven Honorarberatung könne daher wohl nur durch staatliche finanzielle Anreizsetzung geschaffen werden. Eine solche sei aber kaum zu erwarten *(Vogelsang)*. Die Grundaussage der These

---

110   Vgl dazu oben unter § 2 B IV 4.

wird damit bestätigt. Jedoch bleibt fraglich, wie eine Stärkung der Honorarberatung durchzusetzen ist.[111]

D. Fragebogen und Interviewleitfaden

Unter Berücksichtigung der Ergebnisse des Expertenhearings wurden auf der Grundlage der Forschungshypothesen als Erhebungsinstrumente zwei Varianten eines Interview-Leitfadens sowie entsprechende Fragebögen zur alternativen schriftlichen Befragung entwickelt. Diese wurden thematisch zum einen auf die Zielgruppe der Schwerpunktstaatsanwaltschaften und zum anderen auf die Zielgruppe der zivilrechtlich im Bereich des Kapitalanlagerechts praktizierenden Rechtsanwälte abgestimmt. Diese unterschiedlichen Fragebögen bzw. Interview-Leitfäden (siehe beispielhaft die beiden Fragebögen als Anlage II und III) umfassten insgesamt 58 Fragen, die sich auf die folgenden fünf Themenkomplexe verteilten:

(1) „Anlagebetrug" am „Grauen Kapitalmarkt" (11 Fragen / 2 Unterkategorien)
(2) § 264a StGB in der Praxis (9 Fragen)
(3) Der Verfahrensablauf (8 Fragen)
(a) Relativierungs- und Stigmatisierungstendenzen / Zuordnung der Schuld (5 Fragen)
(b) Zivilrechtliche Aspekte (3 Fragen)
(4) Täter und Opfer
(a) Die Täter (5 Fragen)
(b) Die Opfer (10 Fragen)
(5) Themenkomplex Prävention, Intervention und Ausblick (7 Fragen / 2 Unterkategorien)

---

111 Mittlerweile bestehen mit dem seit 1. August 2014 geltenden Honoraranlageberatungsgesetz Regelungen für die Honorar-Anlageberatung, die nun auch als Begriff in das Wertpapierhandelsgesetz (WpHG) eingeführt wurde. Ziel der Neuregelung ist es, dem Kunden über mehr Transparenz eine bewusste Entscheidung zwischen der provisionsgestützten Anlageberatung und der nicht provisionsgestützten Honorar-Anlageberatung zu ermöglichen. Vgl. dazu näher *Begner*, Honorar-Anlageberatung.

Ergänzend zu diesen Themenkomplexen stand zudem am Ende jeder Befragung ein freier Ergänzungsteil, bei dem mögliche Anmerkungen und ein Feedback Raum hatten. Als Einstiegsfragen wurden praxisorientierte Sondierungsfragen zu dem (geschätzten) quantitativen Fallaufkommen des Delikts Anlagebetrug in dem jeweiligen Schwerpunktbereich genutzt. Den Studienteilnehmern sollte damit der Einstieg in die Thematik erleichtert werden. Im weiteren Verlauf des Leitfadens wurden dann die, auf die Gesamtfragestellung ausgerichteten problemzentrierten Fragen formuliert. In der Interviewsituation konnte so der Gesprächsverlauf an dem Leitfaden orientiert erfolgen, oder auch die Reihenfolge der Fragen situativ modifiziert und einem natürlichen Gesprächsverlauf angepasst werden. Zudem ermöglichten sie zusätzliche „Ad-hoc-Fragen" die eine Vertiefung insofern begünstigten, sodass der Interviewteilnehmer hier weitere wichtige Einblicke zum Untersuchungsgegenstand geben kann, die er ansonsten als für „irrelevant" beurteilen würde.

E. Erhebung und Auswertung der Daten

Der überwiegende Teil der Studienteilnehmer hat sich für eine schriftliche Beantwortung der Fragen entschieden. Ihnen wurde nach einer Rückmeldung der Fragebogen in Form eines Word-Dokuments per E-Mail zugesandt.

Die Interviews wurden auf Wunsch der Befragten telefonisch durchgeführt. Grundsätzlich waren alle Teilnehmer sehr gesprächsbereit und offen Die Protokollierung der Interviews erfolgte über eine Tonaufnahme. Im unmittelbaren Anschluss erfolgte eine Transkription.

Die Analyse der angefertigten Transkripte sowie des schriftlich eingegangenen Datenmaterials erfolgte auf Basis der qualitativen Inhaltsanalyse nach Mayring.[112] Bei der Auswertung wurden die Antworten zu Kernkategorien gebündelt und daraus Kernaussagen entwickelt, die auf einem zweiten Expertenhearing im Mai 2013 präsentiert und diskutiert wurden. Die teilnehmenden Experten aus dem ersten Hearing wurden dabei weitere

---

112 *Mayring*, S. 48 ff.

Experten aus den beiden befragten Gruppen der Staatsanwälte und der Anlegeranwälte ergänzt.[113]

F. Gütekriterien der qualitativen Methode

Um eine frühzeitige Qualitätssicherung der anstehenden Analyseergebnisse zu gewährleisten, wurde bereits zu Beginn der Studie darauf geachtet, dass alle sozialwissenschaftlichen Standards der qualitativen Sozialforschung Berücksichtigung fanden. Angelehnt an den gängigen, von Mayring zusammenfassend dargestellten Merkmalen,[114] wurden vor allem folgende sechs Richtlinien als Gütekriterien für die Bewertung des Forschungsverfahrens herangezogen: Verfahrensdokumentation, argumentative Interpretationsabsicherung, Regelgeleitetheit, Nähe zum Gegenstand, kommunikative Validierung und Triangulation.

In der hier aufgeführten Studie „Grauer Kapitalmarkt – Anlegerschutz durch Strafrecht?" erfolgten die Verfahrensdokumentation durch Interview-Transkripte sowie der Protokollierung der Expertenhearings. Zusätzlich wurde auch bei der Datenanalyse darauf geachtet, dass die auswertenden Personen zunächst unabhängig voneinander das Datenmaterial analysierten, bevor es dann im Anschluss an eine wechselseitige Sichtung in einem weiteren Schritt systematisch zusammengefügt wurde. Dabei erfolgte auch das Codieren des Datenmaterials nach dem standardisierten Verfahren der qualitativen Inhaltsanalyse und somit regelgeleitet. Die Nähe zum Gegenstand ist bereits dadurch gegeben, dass bei dieser Studie die Experten selbst „als Praktiker in diesem Phänomenbereich" zu Wort kamen. Eine kommunikative Validierung erfolgte in erster Linie durch einen erfolgten Pre-Test. Die Triangulation liegt hier in Form einer Datentriangulation vor, da neben dem reinen Datenmaterial aus den Fragebögen und Interviews auch die von den Experten in den beiden Expertenhearings eingebrachten Überlegungen in der Datenanalyse Berücksichtigung fanden.

---

113 Es handelte sich dabei um Oberstaatsanwalt *Markus Kring*, Staatsanwaltschaft Landshut, und Rechtsanwalt *Andreas Tilp*, Fachanwalt für Bank- und Kapitalmarktrecht, TILP Rechtsanwaltsgesellschaft mbH Kirchentellinsfurt.
114 Vgl. *Mayring*, S. 144 ff.

2. Teil: Die Ergebnisse der Befragung der Schwerpunktstaatsanwaltschaften und der Anlegeranwälte zum Phänomen des „Anlagebetruges" am „Grauen Kapitalmarkt" und dessen strafrechtlicher Verfolgung

§ 4 Die Allgemeine Relevanz der Anlagedelikte am „Grauen Kapitalmarkt"

Wie dargestellt, beziehen sich die im Rahmen dieser Studie erhobenen Daten thematisch auf den „Anlagebetrug" und im Speziellen auf den sog. „Grauen Kapitalmarkt". Nach einer Analyse der zugrundeliegenden Begrifflichkeiten wird zunächst die Praxisrelevanz des Phänomens „Anlagebetrug" aus staatsanwaltschaftlicher Sicht untersucht.

A. Die Begriffe „Grauer Kapitalmarkt" und „Anlagebetrug"

I. Zur Aktualität und Angemessenheit des Begriffs „Grauer Kapitalmarkt"

Bei der Beschäftigung mit der Thematik des „Grauen Kapitalmarktes" beginnen die Schwierigkeiten bereits mit einer Begriffsbestimmung und Eingrenzung dieses Themenfeldes.[115] Neben Definitionsansätzen, die an negative Assoziationen im Sinne betrügerischen Vorgehens und unseriöser Machenschaften anknüpfen,[116] soll dem Begriff des „grauen Kapitalmarkts" hier eine eher rechtstechnische Auslegung zugrunde liegen. Danach versteht man unter dem Grauen Kapitalmarkt den nicht-regulierten bzw. nicht-spezialgesetzlich

---

115 Vgl. *Klaffke*, S. 18; *Hagemann*, S. 63 ff. (dort ausführlich zu Begriff und Genese des „Grauen Kapitalmarktes") und S. 140 f.
116 So umschreibt z.B. die BaFin – vgl. *Bafin*, Grauer Markt – Graumarktprodukte auch dadurch, dass sich solche Produkte häufig dadurch auszeichneten, dass:
   – Anbieter mit hohen Zinsen oder Renditen über dem allgemeinen Marktniveau locken,
   – mit der vermeintlichen Sicherheit der Kapitalanlage geworben wird,
   – Anbieter vorgeben, in gleicher Weise wie institutionelle Anleger zweistellige Renditen erzielen zu können,
   – Anlageentscheidungen durch positiv besetzte oder ethisch korrekte Investitionsobjekte beeinflusst werden sollen oder
   – Anleger ihre bisherigen Anlagen auflösen und aus vermeintlichen Sicherheits- oder Renditegründen neu investieren sollen.

geregelten Teil des Kapitalmarktes.[117] Im aktuellen Verständnis der BaFin ist der „Graue Kapitalmarkt" „die Summe der Marktteilnehmer und Angebote, die keine Erlaubnis der BaFin benötigen und daher auch nicht ihrer Aufsicht unterliegen".[118] Hagemann hat die auf eine rechtstechnische Auslegung ausgerichteten Definitionen aufgegriffen und unter Aufzeigen von fünf Strukturelementen[119] wie folgt präzisiert:

> *„Der ,Graue Kapitalmarkt' ist ein Sammelbegriff und steht für einen Teil des deutschen Kapitalmarktes, der aus vielen einzelnen, nicht-organisierten sowie weitgehend von der Bundesanstalt für Finanzdienstleistungsaufsicht unbeaufsichtigten Primär- und ansatzweise auch Sekundärmärkten besteht, auf dem vor allem nicht wertpapiermäßig verbriefte, außerbörsliche Anlageformen und als Kapitalanlagen bezeichnete Finanzprodukte angeboten und zum Teil gehandelt werden."*[120]

Diese bisherige Definition des „Grauen Kapitalmarkts" als der Teil des Kapitalmarkts, der unreguliert ist, ist zumindest seit der Verabschiedung des Vermögensanlagengesetzes problematisch geworden, weil ein Großteil der Produkte, die früher als Graumarktprodukte galten, jetzt ja reguliert ist. Allerdings erfasst diese Regulierung – insbesondere die nach VermAanlG – keine Kontrolle auf inhaltliche Richtigkeit von Prospektangaben und kann daher nicht mit der umfassenden Regulierung an einem börsenmäßig organisierten Kapitalmarkt gleichgesetzt werden. Obwohl mittlerweile das KAGB das VermAnlG in Teilbereichen verdrängt, bleibt festzuhalten, dass das KAGB keineswegs alle problematischen Anlageformen umfasst. Insbesondere verschieben sich mittlerweile problematische Angebote aus dem Bereich des „Grauen Kapitalmarkts" in Randbereiche der Inhaberschuldverschreibungen und Genussrechte. In diesen Bereichen drängen zunehmend Angebote auf den Markt, die sich als typische Produkte des „Grauen Kapitalmarkts" charakterisieren lassen.[121] Auch der Prokon-Skandal, der einen wesentlichen Anlass für die neue Gesetzesinitiative lieferte, betraf bezeichnenderweise solche Genussscheine.[122]

---

117 *BT-Drs.14/1633*, Bericht der Bundesregierung zum „Grauen Kapitalmarkt", S. 2.
118 *Fußwinkel*, Grauer Kapitalmarkt.
119 *Hagemann*, S. 145 und. 141 ff.
120 *Hagemann*, S. 146.
121 Vgl. *Mattil*, Stellungnahme, S. 5 f.; *BR-Drucks.* 279/14, S. 1 und 4 f.
122 Vgl die Nachweise o. Fn. 64.

Die bereits angesprochen Bundesrats-Initiative der Hessischen Landesregierung[123] argumentiert vor diesem Hintergrund wie folgt:[124] Durch das VermAnlG seien zwar strengere Anforderungen an Inhalt und Prüfung von Verkaufsprospekten für Vermögensanlagen geschaffen worden, doch betreffe dies nur die Vertriebsseite. Insbesondere weist die Hessische Landesregierung darauf hin, dass das VermAnlG zwar Regelungen über Verkaufsprospekte, Vermögensanlagen-Informationsblätter (Kurzinformationsblätter) und über Information der Anleger enthalte, jedoch Regelungen für die Anbieter -bzw. Emittenten- und die Produktebene von Vermögensanlagen fehlten. Diese Bereiche seien nach wie vor unreguliert. Es gebe keine – über die Prospektpflicht hinausgehende – spezifische Zulassungspflicht und materielle Produktregelungen. Dieser Rechtzustand sei unter Anlegerschutzgesichtspunkten unbefriedigend.

Damit bestätigt sich das, was auch schon bei der Betrachtung des KAGB deutlich geworden ist:[125] Trotz einer stärkeren Regulierung des Anlage- und Finanzmarktes gibt es der Sache nach immer noch einen „Grauen Kapitalmarkt".

II. „Anlagebetrug" und „Kapitalanlagebetrug"

Die Begriffe „Anlagebetrug" und „Kapitalanlagebetrug" werden gelegentlich synonym gebraucht. Auch wird z.T. synonym von Prospektbetrug gesprochen. Zumeist – und so auch im Folgenden – wird mit „Kapitalanlagebetrug" nur die Strafvorschrift des § 264a StGB gemeint, die ja auch im StGB gerade diese Überschrift trägt. Mit „Anlagebetrug" wird demgegenüber zumeist das Phänomen eines betrügerischen Verhaltens im Hinblick auf den Tatgegenstand Kapitalanlagen gemeint, d.h. es wird ein denkbar weiter Bereich bezeichnet, für den ganz unterschiedliche Strafrechtsnormen einschlägig sein können (neben der Spezialnorm des § 264a StGB insbesondere die allgemeine Betrugsvorschrift des § 263 StGB, aber auch sonstige Normen wie § 26 BörsG oder § 266 StGB).

---

123 S.o. unter § 2 B I 1.
124 *BR-Drucks. 279/14*, S. 4.
125 Vgl. o. unter § 2 B I 1.

B. Das Phänomen „Anlagebetrug"

Zunächst wird die Einschätzung der Schwerpunktstaatsanwaltschaften zum prozentualen Anteil der Anlagebetrugsverfahren am Arbeitspensum insgesamt sowie zum Anteil der bearbeiteten Anlagebetrugsdelikte, die unmittelbar dem „Grauen Kapitalmarkt" entstammen, wiedergegeben. Nach einer Darstellung der Verfahrensspezifika richtet sich der Blick auf die gesellschaftliche und wirtschaftliche Bedeutung des Phänomens Anlagebetrug (Schaden, Dunkelfeld) sowie die beteiligten Akteure, insbesondere die Opfer.

I. Fallaufkommen und Anzahl der Verfahren

Bezüglich der Bedeutung des Phänomens Anlagebetrug wurde zunächst eine nähere Beschreibung und Einschätzung des Fallaufkommens bzw. der bearbeiteten Verfahren der jeweiligen Schwerpunktstaatsanwaltschaften durch Experten vorgenommen. Im Speziellen wurden dazu auch diejenigen Verfahren mit berücksichtigt und statistisch eingeordnet, die dem sog. „Grauen Kapitalmarkt" entstammen. Im Rahmen dieser Analyse zeigt sich, dass die Einschätzungen zur Arbeitsbelastung mit Anlagebetrugsverfahren bei den Staatsanwälten stark variieren. Diese bilden sich in einer Spanne von 20 bis zu 80 Prozent ab. Auf die Spitzenwerte von 70 bis 80 Prozent verweisen lediglich drei der befragten Experten. Neben einem größeren Mittelfeld, das sich durch eine Einschätzung von 20 bis 40 Prozent des Fallaufkommens auszeichnet, überwiegt der eher geringe Anteil der Verfahren mit bis zu 15 Prozent der Delikte des Anlagebetruges.

Diese Schwankungen begründet ein Experte damit, dass „je nach Konjunktur" 5 bis 10% der Delikte dem Anlagebetrug zuzuweisen seien: *„Je ungünstiger die wirtschaftl. Situation und je häufiger Zahlungen ausbleiben, umso höher das Anzeige- und damit Verfahrensaufkommen. Deutlich höher ist das Aufkommen an Verfahren wegen nur vorgetäuschter Kapitalanlagemöglichkeiten, die tatsächlich gar nicht existieren, bei denen die Gelder nachweisbar anderweitig (privat) verwendet werden oder ohne Nachverfolgbarkeit meist im Ausland verschwinden."*

Ein interessanter Befund der Analyse ist die Einzelaussage, dass einem geringen quantitativen Anteil der Anlagebetrugsdelikte von ca. 5 Prozent ein *„tatsächlicher Arbeitsaufwand"* von 35 Prozent entspreche. Daraus lässt sich ableiten, dass man von einer hohen Ressourcenbindung dieses

Deliktfeldes auch bei geringem prozentualem Anteil an den Verfahren ausgehen kann.

*Abb. 1: Anteil der Anlagebetrugsdelikte am Tätigkeitsaufkommen der
Schwerpunktstaatsanwaltschaften*

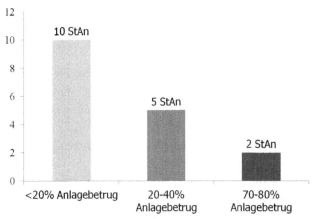

Befragt nach dem Anteil der Anlagebetrugsdelikte, die dem „Grauen Kapitalmarkt" entstammen, im Bereich aller Anlagebetrugsdelikte spricht der
überwiegende Teil der Experten von einem Anteil in der staatsanwaltschaftlichen Praxis von bis zu 100 Prozent (siehe Graphik 2). Dabei beziehen sich
die Staatsanwälte auf Fälle, bei denen eine Anlage ohne die Beteiligung von
Banken getätigt wurde.

Abb. 2: Anteil der Anlagebetrugsdelikte, die dem Grauen Kapitalmarkt entstammen

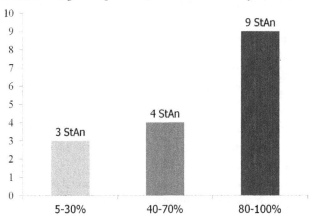

Folglich scheint der „Graue Kapitalmarkt" das relevanteste Tätigkeitsfeld für Anlagebetrüger zu sein.

II. Schwerpunkte der betrugsrelevanten Anlageformen im „Grauen Kapitalmarkt"

1. Die betrugsrelevanten Anlageformen aus staatsanwaltschaftlicher Sicht

Die Befragung der staatsanwaltschaftlichen Experten zeigte, dass das Phänomen Anlagebetrug auf dem „Grauen Kapitalmarkt" durch eine Vielzahl an Tatmitteln und Herangehensweisen geprägt ist. Als ein wesentliches Merkmal des Anlagebetrugs konnte herausgearbeitet werden, *„(...) dass dem Kunden stets (aber mit jeweils unterschiedlichen Begründungen) deutlich über dem Marktdurchschnitt liegende Renditen versprochen werden".* Diese Strategie sei *„ein gängiges und zielführendes Vorgehen auf Seiten der Täter."*

Dabei beschrieben die Experten auf der Basis ihrer Praxiserfahrung ein breites Kontinuum an unterschiedlichen Anlagevariationen. Exemplarisch seien hier auf Termingeschäfte, Unternehmensbeteiligungen in unterschiedlichen Formen und auf Immobiliengeschäfte verwiesen. Ein Experte erwähnte in diesem Zusammenhang Kapitalanlagen jeder Art, z.B. Immobilien, Windkraft und sonstige Sachwerte. Daneben finden sich vor allem Anlageformen wie Aktien, Genussscheine, Partizipation o. ä. an Gesellschaften mit Sitz in der Schweiz, Luxemburg, Liechtenstein oder hochverzinsliche Darlehen an private „Finanzprofis" zum Trading und / oder für sog. „Projekte". Auch der Ankauf von Lebensversicherungen und Policen sowie die Investition in geschlossenen und nichtbörsennotierten Fondsmodellen (insbesondere Immobilienfonds) wurden dem Anlagebetrug, dem Betrug zugeschrieben.

Besonders der *„(...) Vertrieb von Genussscheinen, Fondsanlagen (besonders mit garantierten Vorwegausschüttungen, die zumeist aus dem Kapitalstock geleistet werden und damit aus dem eingesammelten Geld unmittelbar, wodurch – ähnlich einem Schneeballsystem – sehr lange unentdeckte Funktionszeiträume entstehen und die tatsächlichen Renditemöglichkeiten geschmälert werden) (...)"* sei eine beliebte Variante auf dem „Grauen Kapitalmarkt".

In den Nennungen spiegelt sich die ganze Bandbreite der Anlagemöglichkeiten auf dem „Grauen Kapitalmarkt" wieder. So führte ein Staatsanwalt aus, dass der Vertrieb von Finanzprodukten, die zumeist an exotischen Börsen (Bermuda Island u. a.) gelistet wären, einen Schwerpunkt bilde. Die Täter bedienten sich zur Schaffung der Betrugsinstrumente einer Schar von Dienstleistern vornehmlich mit Sitz im angelsächsischen Ausland oder in sog. Steuerparadiesen. Häufig würden Betrugstaten auch mit sog. „Penny-Stocks" verübt. Diese Aktien / Wertpapiere seien zum Teil selbst auf dem „geregelten" Markt vertreten gewesen, indes zumeist in einem sehr engen Marktsegment, das sich deshalb für Marktmanipulationen (eine Straftat gemäß § 38 WpHG[126]) eigne. Partiell sei auch „Gebührenschinderei" das sog. „Churning"[127] zu beobachten.

2. Die betrugsrelevanten Anlageformen aus Sicht der Anlegeranwälte

Als betrugsrelevante Anlageformen werden generell geschlossene Fonds jeder Erschei- nungsform, bei der in einer großen Zahl von Fällen die Prospekte unwahr oder unvollständig sind bzw. die irreführend informieren, genannt. Daneben werden Genussrechte, stille Beteiligungen, Termingeschäfte, Schneeballsysteme und Kickbacks bei allen provisionsgetriebenen Produkten angeführt.

III. Spezifika der Verfahren

Ein Schwerpunkt der Analyse beschreibt den konkreten Umgang mit einer Verfahrensinitiierung sowie deren Ablauf aus Sicht der in der Schwerpunktstaatsanwaltschaft ansässigen Praktiker. Dabei haben sich unterschiedliche Rahmenbedingungen herausgestellt, die als „Spezifika" der Verfahren von Kapitalanlagebetrug auf dem „Grauen Kapitalmarkt"

---

126 Vgl. zu dessen Anwendungsbereich näher *Sorgenfrei, in: Park (Hrsg.), Kapitalmarktstrafrecht, Teil 3 Kap. 4 T1 Rdnr. 26 ff.

127 Unter *Churning* (engl. „Provisionsschneiderei", „Gaunerei"; kommt von to churn „Buttern", „Umrühren") wird im Finanzbereich das häufige Umschichten eines Depots durch einen Vermögensverwalter oder Broker verstanden. Dadurch verschafft sich dieser möglichst hohe Provisionen, die zu Lasten des Anlegers gehen. Churning kommt vorwiegend bei Termingeschäften vor, zunehmend auch im Wertpapierbereich. Vgl. dazu *Hagemann*, S. 406 ff. und *Birnbaum*, wistra 1991, 253 ff.

Geltung beanspruchen. Die Experten beziehen sich in ihren Aussagen auf verschiedene Einflussfaktoren, die letztlich einen reibungslosen und erfolgreichen Verfahrensablauf beeinträchtigen können. Vordergründig kann davon ausgegangen werden, dass ein Verfahrensablauf in der Praxis durch unterschiedliche Rahmungen und Faktoren beeinflusst ist. So kann zwischen verschiedenen Ebenen, wie der der beteiligten Akteure, der der Organisationsstruktur, bzw. der juristischen Ebene unterschieden werden, wobei diese Ebenen bezüglich einer Wertung der einzelnen Aspekte nicht trennscharf sind. So lassen sich viele der von den Experten aufgeführten Gründe sowohl dem Bereich der strukturellen Gegebenheiten zuordnen wie auch gleichermaßen als individuelle Merkmale beschreiben.

Hier zeigt sich, dass die Verfahren neben einem großen Verfahrensumfang, in der Regel auch sonst sehr aufwendig sind. Begründet wurde diese Ansicht mit häufigen Haftsachen, einer größeren Tätergruppe, Geldflüssen ins Ausland, die teilweise Rechtshilfe erfordern und bundesweit zu führende Ermittlungen voraussetzt.

Zudem werden innerhalb der Verfahren im Bereich Anlagebetrug die hohen Schadenssummen, die Problematik der Berechnung einer Schadenssumme sowie die häufige Vermögensabschöpfung zu Ungunsten der Betroffenen als Spezifika herausgestellt. Auf juristischer Ebene sei zum einen die Zuordnung der Verantwortlichkeit zwischen Vermittlern und „Hinterleuten" / Initiatoren als problematisch anzusehen und zum anderen sei der Nachweis des subjektiven Tatbestandes beim Vermittler als schwierig einzustufen. Grundsätzlich zeigen sich zudem Schwierigkeiten bei der Klärung der Verantwortlichkeiten sowie der Nachweisführung im Hinblick auf Kausalität und Vorsatz. Ursächlich hierfür sehen die Experten die Verschachtelung verschiedener Unternehmen, teils mit Auslandsbezug, was häufig eine Verschleierung des wirtschaftlich Berechtigten mit sich bringen würde.

Als ein weiteres Merkmal wird neben dem Auslandsbezug (insb. bzgl. Vermögensverschiebungen), besonders der in der Regel bereits erfolgte und verschleierte Abfluss der Gelder – hier besonders in Form von Bargeldabflüssen – ins Ausland erwähnt. Auch der Sitz von Gesellschaften und Konten in mehreren Ländern des Auslands sei gängig.

In der Analyse wurde zudem ersichtlich, dass die Opfer die Verfahrensinitiierung und deren Ablauf maßgeblich zu beeinflussen scheinen. So würden Anzeigen oftmals erst nach Jahren der Laufzeit vor allem durch zu Recht oder Unrecht enttäuschte Anleger getätigt. Der von außen nur schwer einschätzbare Anfangsverdacht, berge dabei die hohe Gefahr, bei einem sich letztlich nicht bestätigendem Verdacht massive wirtschaftliche Schäden zu verursachen. So erläuterte ein Experte, dass „(…) *eine zeitlich verzögerte Anzeigenerstattung durch Geschädigte (nach Hinhalten durch (angebliche) Renditezahlungen und Ausreden aller Art) mit der Folge des drohenden Verjährungseintritts"* einhergehe.

In diesem Zusammenhang beschrieben einige Experten einen Opfertypus, der durch Charaktereigenschaften, wie Leichtfertigkeit, Gutgläubigkeit und häufig mangelnde Kenntnisse gekennzeichnet sei, was letztlich eine Opferwerdung auf dem Feld des Anlagebetrugs prädestiniere. Zudem sei die Fallbearbeitung in der Praxis durch eine Vielzahl von Anlegern und Geschädigten geprägt.

Komplementär dazu beschrieben die Studienteilnehmer als einen weiteren beteiligten Akteur einen Tätertypus, der ausschließlich über das Internet oder Telefon („cold calling") agiere und somit seine Anonymität weitestgehend bewahre. Der Vertrieb würde dabei häufig (nicht widerlegbar) über ein gutgläubiges Vermittlernetz erfolgen. Spezifisch für das Tätervorgehen wäre zudem ein „Vorgaukeln" hoher Renditen (Vorabausschüttungen bis zu 12 %) und Steuerfreiheit.

Zusammenfassend kann festgehalten werden, dass Verfahrensspezifika aus Sicht der Staatsanwaltschaften unter folgenden Gesichtspunkten Relevanz haben:

– Regelmäßig Auslandsbezüge (Sitz von Gesellschaften / Konten, Geldabflüsse, Rechtshilfe aufwändig/langwierig/unmöglich)
– Vielzahl von Geschädigten (bis hin zu Aussagengenerierung per Fragebogenaktion)
– Komplexe Firmen-/Tätergeflechte; hoher, z. T. langjähriger Ermittlungsaufwand
– Anonymität der Täter (Internet, „cold calling"), Cleverness der Täter
– Ressourcen- und z. T. Kompetenzdefizite bei Ermittlungsbehörden
– Beweisführung im Sinne von Kausalität / Vorsatz/individueller Verantwortung schwierig
– Verwirklichung von Tatbestandsmerkmalen (z.B. Klarer Nachweis der Täuschung) nicht immer eindeutig

- Sonstige Spezifika des Kapitalanlagebetrugs: Anzeige von Geschädigten z. T. erst nach Jahren; Schadenssummen schwer berechenbar; zu klärende Rolle der Vermittler (Verantwortlichkeit, Naivität?); Rechtsanwälte als Treuhänder; Vermögensabschöpfung und Rückgewinnungshilfe sehr aufwändig

IV. Hemmnisse im Bereich der Verfolgung des Anlagebetrugs

Im Rahmen der Analyse konnten zudem Faktoren herausgearbeitet werden, die als sog. Hemmnisse im Bereich der Verfolgung des Deliktes Anlagebetrug angeführt werden können. Dabei überscheiden sich diese Angaben teilweise mit den bereits angeführten „Spezifika" der Verfahren zu Anlagedelikten. In Bezug auf eine Erschwerung der Deliktsverfolgung kommt auf der Akteursebene – aus Sicht der Experten – erstmalig die Zusammenarbeit mit Ermittlungsbehörden zur Sprache.

Einige Studienteilnehmer bemängelten eine unzureichende fachliche Qualifikation der polizeilichen Sachbearbeiter, insbesondere für die Bewertung zivilrechtlicher Verträge. Die hohe Anzahl der Geschädigten erfordere oft Vernehmungen, die durch Polizeidienststellen durchgeführt würden, die eine ungenügende Expertise auf diesem speziellen Gebiet aufweisen, so dass der Aussagegehalt teilweise stark eingeschränkt sei. Erschwerend komme hinzu, dass die Ermittlung bzw. Namhaftmachung weiterer oder aller Geschädigter teilweise erschwert sei und sich somit Verfahrens hemmend auswirke. Insgesamt mache sich im Rahmen eines enormen Ermittlungsaufwandes eine unzureichende Personalausstattung bemerkbar.

Verfahrenserschwerend wirkten sich vor allem die Auslandsbezüge aus, die zum Teil eine enorme Verzögerung der Ermittlungen und Aufklärung von Sachverhalten mit sich brächten.

Daher sei es umso wichtiger, dass vor allem im Inland ermittlungstaktische Maßnahmen erfolgversprechend eingesetzt würden, da eine Aufklärung der Organisationsstruktur im Ausland als schwierig bis unmöglich eingeschätzt werde. Als ursächlich könne zudem eine unzureichende Kooperation bzw. Zusammenarbeit mit ausländischen Behörden angeführt werden, die letztlich eine mangelnde oder schleppende Rechtshilfe begünstige. Explizit wird in diesem Zusammenhang beispielhaft auf fehlende Rechtshilfeabkommen, z.B. mit den VAE (insbesondere Dubai) verwiesen. Internationale Bezüge (insbesondere langwierige Rechtshilfeverfahren mit Nicht-EU / EWR-Staaten) könnten Monate bis Jahre in Anspruch nehmen. Besonders der Zeitfaktor wird als ein großes Hemmnis in Bezug auf die Verfahrensführung empfunden, da der zumeist hohe Zeitabstand zwischen Tat und rechtskräftiger Verurteilung eine Straferwartung grundsätzlich mindere.

Auch das Täterhandeln findet beim Abfragen der Verfahrenshemmnisse nochmals explizit Erwähnung: *„Die Tätergruppe ist nur schwer greifbar, da der betrügerische Kontakt nur fernmündlich zu Opfer gesucht wird, dieses mithin die unter einer Legende arbeitenden Täter nicht identifizieren kann."*

V. Die Bedeutung des Phänomens Anlagebetrug insgesamt

Die Einschätzung der Bedeutung des „Phänomens Anlagebetrug insgesamt" wurde von den Experten ebenfalls auf unterschiedlichen Ebenen eingeordnet und argumentativ untermauert. Dabei wurde der Fokus sowohl auf gesellschaftliche, als auch auf individuelle Auswirkungen (so z.B. auf die einzelnen Geschädigten) gelegt. Zudem gaben einige Befragte eine Bewertung über das Dunkelfeldaufkommen dieses Deliktbereichs ab. Die Schätzungen variieren unter den befragten Experten in einem breiten Spektrum von „eher gering" bis „sehr hoch". Argumentativ begründeten die Teilnehmer ihre Aussagen mit dem Opferverhalten und weiteren Faktoren, die das Anzeigeverhalten grundsätzlich beeinflussten. Die Vermutung eines hohen Dunkelfeldes wurde u.a. auf Schwarzgeldanlagen durch die Geschädigten zurückgeführt. Hier sei die Zurückhaltung gegenüber der Staatsanwaltschaft durchaus nachvollziehbar. In die eher entgegengesetzte Richtung weist die Einschätzung auf Basis eines Vergleichs mit dem Dunkelfeld von Steuerdelikten, wobei das des Anlagebetrugs als wesentlich geringer einzuschätzen sei. Eine weitere Argumentation gründet auf der Annahme, dass das Dunkelfeld eher gering sei, *„(...) denn wer Geld verliert, zeige in der Regel auch an."* Insgesamt wird deutlich, dass belastbare Aussagen zum Ausmaß des Dunkelfelds nicht gewonnen werden konnten. Festzuhalten bleibt allerdings, dass die Anlage-/Investitionsmotive (z.B. Schwarzgeldverwertung vs. Alterssicherung) deutlich das Anzeigeverhalten und damit die Hellfeldgenerierung beeinflussen.

Bezüglich des Schadens wurde dieser besonders in Bezug auf die Geschädigten als relativ hoch und teilweise als existenzbedrohlich angesehen. *„Der* *finanzielle Schaden ist – jedenfalls für das einzelne Opfer – regelmäßig sehr hoch, da nicht nur in Ausnahmefällen die gesamten Ersparnisse vernichtet werden.*" Häufig sind zahlreiche Personen mit u. a. sehr hohen individuellen Schäden vom Verlust teilweise langjährig erspartem Kapital bis hin zum persönlichen wirtschaftlichen Ruin betroffen. In diesem Zusammenhang wurde zudem darauf verwiesen, dass neben dem individuellen Schaden für die Betroffenen selbst, der Anlagebetrug zu Verunsicherung und Verlust des Vertrauens der Allgemeinheit in den Kapitalanlagemarkt führt.

Der überwiegende Teil der befragten Experten sah einen enormen wirtschaftlichen und gesellschaftlichen Schaden, den die Delikte und hier insbesondere die Betrugsdelikte im Zusammenhang mit Kapitalanlagen verursachen. Der allgemeine gesellschaftliche Schaden erscheint den Experten jedoch begrenzt, da insbesondere kein allgemeines Misstrauen in Finanzberater etc. feststellbar sei. Dies zeige sich letztlich auch daran, dass es den Tätern weiterhin gelinge, ihre „Produkte" abzusetzen. Ein anderer Experte schätzte den gesellschaftlichen Schaden dagegen in einem Milliarden-Euro-Bereich. In diesem Zusammenhang wurde zudem ausgeführt, dass es auffällig sei, dass *„(…) soweit Kapitalanlagebetrug oder Betrug im Zusammenhang mit dem Vertrieb von Kapitalanlagen Gegenstand eines Ermittlungsverfahrens steht, sind die Schäden zumeist sehr hoch; nicht selten ist ein Millionenschaden zu beobachten.*" So sei auch von einem wirtschaftlich sehr hohen Schaden auszugehen, da zudem die Vermutung nahe läge, dass ein kleiner Teil der Geschädigten ihrerseits versuche Schwarzgeld zu waschen. Ein Experte differenzierte seine Aussage, indem er anführte, *„(…) dass in Bezug auf die reinen Fallzahlen die Bedeutung gleich Null, dagegen die Bedeutung des angerichteten Schaden sehr hoch ist. Umgekehrt wäre zudem der Ansehensverlust der Justiz überdurchschnittlich groß, sollten derartige Delikte nicht konsequent verfolgt werden.*"

VI. Kenntnis über die Delikte

Zu den Wegen der Verfahrensinitiierung befragt, verwiesen die Staatsanwälte überwiegend auf den üblichen Gang des Strafverfahrens. In der Regel bekämen die Ermittlungsbehörden, also meist die Polizei, als erste Kenntnis über die Delikte. Dabei erfolge die Anzeigenerstattung direkt über die Geschädigten, deren Rechtsbeistände oder Anlegerschutzgemeinschaften. Darüber hinaus ermittele man auch aufgrund von Erkenntnissen aus anderen Ermitt-lungsverfahren – nicht selten wegen Steuerdelikten (steuerliche Betriebsprü-fungen) – oder aufgrund von Geldwäscheverdachtsanzeigen durch Institute oder aufgrund von Presseartikeln. Eher selten scheinen direkte Hinweise an die Schwerpunktstaatsanwaltschaften und Strafanzeigen durch die BaFin oder die Börsenaufsicht zu sein. Lediglich in einem Fall wird chronologisch der Weg der Privatanzeigen an die BaFin, an die Steuerfahndung und letztlich an die Polizei nachgezeichnet.

Eine wichtige Rolle bei der Entscheidung für den Umfang staatsanwalt-schaftlicher und polizeilicher Ermittlungsaufwände, scheinen dabei vor allem die Schadenshöhe und die Frage zu spielen, ob und ggf. welche Er-mittlungsansätze zu erkennen sind. Immerhin verweist ein Experte explizit darauf, dass die Qualität des Anfangsverdachts aus den Anzeigen-Inhalten und den ohne Eingriffsmaßnahmen möglichen Ermittlungen letztlich über die Verfahrenseinleitung bestimme.

Somit erweisen sich die Qualität und Tragfähigkeit des Anfangsverdach-tes sowie die Gesamtabwägung im Rahmen des Legalitätsprinzips – bei dem der Schadenshöhe und die Schwere des Verstoßes großes Gewicht zukommt – als relevante Merkmale ab. Deutlich wird zudem, dass den Ermittlungsbehörden auf Ebene der Exekutive – insbesondere der Polizei – eine wesentliche Fachkompetenz abverlangt wird.

VII. Die besonderen Herausforderungen der Verfahren der Anlagedelikte im Bereich des „Grauen Kapitalmarkts"

Als besondere Herausforderungen von Verfahren, die Anlagedelikte im Be-reich des „Grauen Kapitalmarktes" beinhalten, wurden von den Befragten überwiegend die bereits herausgestellten „Spezifika der Verfahren" (vgl. oben § 4 B III) genannt. Darüber hinaus wurde die Vielzahl der Geschädigten als besondere Herausforderung dargestellt. Ein Experte berichtete von einem Einzelfall bei dem bis zu 1.000 geschädigten Personen involviert waren. Zu-dem scheint die überwiegend intelligente und sozial kompetente Täterseite die Verfahrensgestaltung geschickt zu erschweren und zu verzögern. Insofern seien Geduld und Beharrlichkeit Voraussetzung für eine erfolgreiche Straf-verfolgung. Die überwiegend sehr umfangreichen Ermittlungen erforderten eine organisatorische Bewältigung im Zusammenhang mit der Sicherstellung und Auswertung des meist sehr umfangreichen schriftlichen Materials, den Vernehmungen bzw. schriftliche Befragungen einer Vielzahl von Zeugen, den Auslandsermittlungen (meist im Hinblick auf Geldverwendung), dem Nachweis konkreter und nicht nur formeller persönlicher Verantwortlichkeit in arbeitsteiligen Unternehmen und vor allem Unternehmensgeflechten.

Problematisch scheinen die Zuordnung der Verantwortlichkeiten und die Feststellung des Sachverhalts, d.h. der Verwirklichung der Tatbestandsmerkmale durch die einzelnen Beteiligten. Auch hier wurde noch einmal auf die diffizile Beweisführung im Hinblick auf Kausalität bzw. Vorsatz hingewiesen, insbesondere hinsichtlich der Abgrenzung des „noch-erlaubten" zum bereits deliktischen Handeln, was beim Betrug exemplarisch als Tatsachenbehauptung oder Werturteil und als die reklamehafte Anpreisung angeführt wurde. Innerhalb der Verfahren sei eine *„Klare Festlegung der Täuschung teilweise problematisch, da der Anlagevertrag oft unklare, missverständliche oder zweideutige Regelungen enthält und auch die Geschädigten teilweise den genauen Inhalt und / oder die Funktionsweise der Kapitalanlage selbst nicht verstanden haben und demzufolge auch nicht wiedergeben können, was ihnen konkret versprochen oder zugesagt wurde; demzufolge ist auch ggf. die Feststellung, dass Mittel nicht entsprechend dem Anlagevertrag verwendet wurden, schwierig; problematisch sei in bestimmten Fällen auch die Einlassung des Täters, er habe eine bestimmte Entwicklung selbst nicht vorhersehen können/ein Risiko anders bewertet."*

Zudem beobachteten die Befragten eine kontinuierliche Entwicklung neuer und zum Teil hochkomplex gestalteter (vermeintliche) Anlagemöglichkeiten und verwiesen in diesem Zusammenhang erneut auf die große Bedeutung fachlicher Kompetenz auf Seiten der Ermittlungsbehörden.

VIII. Gründe der Verfahrenseinstellung

Ressourcen- und Kompetenzdefizite spiegeln sich aus Sicht der Befragten teilweise auch in den Wegen der Verfahrenseinstellung wider. Diese erfolgt überwiegend nach § 170 Abs. 2 StPO mangels Tatnachweises oder mangels Anfangsverdachts. Umso relevanter scheint eine sorgfältige und fachkompetente Ermittlungsarbeit in den zuständigen Behörden.

Als eher selten kommen in der staatsanwaltschaftlichen Praxis Einstellungen nach § 153a StPO in Betracht. *„In der Regel wird versucht die*

Tat gerichtsfest nachzuweisen und aufgrund der häufig immensen Schadenssummen sei eine Anwendung so gut wie ausgeschlossen." Allerdings
zeigt sich, dass besonders bei kleineren Schadenssummen die Anwendung
dieses Paragraphen erwogen wird. Dabei entfaltet sich aus staatsanwalt-
schaftlicher Sicht eine vor allem präventive Wirkung auf der potentiellen
Täterseite, da diese eine mit Strafverfahren im Zusammenhang stehende
„Öffentlichkeit" eher scheuen würden. *„Ein gerichtliches Strafverfahren
kann, selbst wenn es nur mit einer Einstellung gem. § 153 a II StPO endet,
deshalb sehr präventiv wirken, da die Tätergruppe bekannt wird und für
den Markt dann ‚verbrannt' ist, deshalb häufig auf ‚Strohleute' ausweichen
muss."* Ergänzend wurde auf die Einstellung von Taten mit geringen Schäden gemäß § 154 Abs. 1 StPO hingewiesen.

§ 5 Kriminologische Spezifika der Verfahren beim Phänomen Anlagebetrug

Der folgende Abschnitt der Analyse bezieht sich vor allem auf Kapitalanlagedelikte im Allgemeinen. Dabei sollen insbesondere auf mögliche im Verfahrensablauf induzierte Stigmatisierungstendenzen gegenüber den Opfern, sprich einer Verharmlosung der Taten, durch die beteiligten Akteure (Richter, Staatsanwälte und Strafverteidiger) eine nähere Betrachtung finden. Dabei sollen getätigte Aussagen – wie „Sie wussten doch, worauf Sie sich einlassen!" oder der durch einen Richter geäußerte Vergleich des „Grauen Kapitalmarkts" mit „einem großen Glücksspiel" – durch die Befragten bewertet und in ihren praxisrelevanten Kontext eingeordnet werden. Diese erwecken den Anschein, dass es im Rahmen des Strafprozesses zu gewissen Relativierungs- und / oder Stigmatisierungstendenzen gegenüber den Opfern / Klägern kommen könnte. In diesem Zusammenhang soll der dritten Forschungshypothese[128] Raum gegeben und diese kritisch hinterfragt werden.

A. Relativierungs- und Stigmatisierungstendenzen sowie Zuordnung der Schuld

I. Die Existenz anleger-stigmatisierender Aussagen auf Seiten der Justiz

Nahezu alle beteiligten Experten erwähnten, dass sie im Rahmen ihrer Praxiserfahrungen mit Anleger stigmatisierenden Aussagen auf Seiten der Justiz in Berührung gekommen seien. Die allgemeine Beurteilung der Relevanz dieser Aussagen war aber auf Seiten der befragten Experten sehr unterschiedlich. Nach einheitlicher Auffassung der Staatsanwälte fallen solche Aussagen bei

---

128 „Aus theoretischer Perspektive erleichtern die Rahmenbedingungen des Grauen Kapitalmarkts Tätern die Entscheidung zur Deliktsbegehung: Einerseits durch geringe Entdeckungs- und Verfolgungswahrscheinlichkeit (gemäß Rational Choice Theorie, vgl. These 2), aber auch durch eine erleichterte Anwendung von Neutralisierungstechniken (z.B. kein Unrecht, naive / gierige Opfer sind es selbst schuld, Gerichte sprechen vom grauen Kapitalmarkt als „großem Glücksspiel"). Eine eindeutigere Einstufung und Verfolgung solcher Delikte als Betrug könnte diesen Effekt und damit die Bereitschaft zur Tatbegehung evtl. mildern."

Gericht nur gelegentlich auf fruchtbaren Boden. Ersichtlich wurde jedoch, dass Aussagen von Seiten der Verfahrensbeteiligten durchaus eine Bedeutung bei der Strafzumessung zukommt. Das regelmäßig vorliegende „Mitverschulden" wurde von den Staatsanwälten als ein gewichtiger Strafmilderungsgrund angesehen. So fand sich die Aussage, dass der Umstand, wie leicht die Opfer es den Tätern gemacht hätten, natürlich in die Strafzumessung mit einfließe. Eigenverantwortung des Opfers bzw. Raffinesse oder Durchschaubarkeit der Täuschung spielten daher faktisch eine Rolle bei der Strafzumessung.

Ein Aspekt wird in diesem Analyseabschnitt besonders deutlich: Es bestand Einigkeit darüber, dass die Situation der Geschädigten häufig aus einem wenig rationalen, rein gewinnorientierten Handeln zu resultieren scheint. So beschrieb ein Staatsanwalt, dass die Täter oft von der Gier der Opfer motiviert würden. Ein anderer führte aus, dass „Gier frisst Hirn" eine „häufige Diagnose" sei. Allerdings dürfe sich unabhängig von Beobachtungen wie diesen die Naivität der Opfer weder positiv noch negativ auf das Strafmaß auswirken. Das Strafrecht schütze auch den „naiven" oder „gierigen" Anleger. Die z.T. erstaunlich große Bereitschaft der Geschädigten, aus bloßem Gewinnstreben heraus erkannte Risiken einzugehen und sich dabei vernünftigerweise aufdrängende Bedenken auszublenden, sei allerdings selbstverständlich ein (für den Täter entlastendes) Strafzumessungskriterium.

Einigkeit bestand darin, dass Aussagen, die zur Stigmatisierung der Geschädigten führen, in jedem Fall vermieden werden sollten.

II. Die Existenz anleger-stigmatisierender Aussagen auf Seiten der Beschuldigten

Als eher selten stuften die beteiligten Staatsanwälte anleger-stigmatisierende Aussagen von Beschuldigtenseite – im Sinne einer Rechtfertigung bzw. Neutralisierungsstrategie – ein. Komme es dazu, dann spielten solche Argumentationen vorrangig bei der Strategiegestaltung der Strafverteidiger eine Rolle: „Zumindest" werde „der Versuch unternommen", trage „bei Gericht jedoch selten". Dass Verteidiger so argumentieren müssten, liege auf der Hand und diene ihnen in den meisten Fällen nur als „weiteres unterstützendes Argument."

Der erste Teil der dritten Forschungshypothese wird somit von den befragten Staatsanwälten nicht bestätigt: Stigmatisierungen werden als für die Urteilsfindung kaum wirksam beurteilt.

III. Die Zuordnung des Verschuldens bzw. Mitverschuldens

Trotz der weiter oben genannten Hemmnisse wird die Möglichkeit einer klaren Abgrenzung und Zuordnung der „Schuld" im Bereich der Anlagedelikte seitens der Staatsanwälte als überwiegend realisierbar betrachtet. Insbesondere bei von Anfang an kriminell motivierten Anlagebetrugsdelikten, in denen die eingenommenen Gelder überhaupt nicht angelegt würden, sei eine klare Zuordnung der Schuld zum Täter möglich.

Problematisch seien vorrangig die Fälle, in denen mehrere Täter bzw. Tatbeteiligte in Betracht kämen, deren einzelne Tatbeiträge unter Umständen nicht klar voneinander abgegrenzt oder ermittelt werden könnten. Schwierigkeiten bereite dabei häufig die Zuschreibung der Verantwortlichkeit innerhalb einer Tätergruppe (Vermittler – Hinterleute). In Fällen, in denen Anlagen tatsächlich durchgeführt und lediglich Risiken verharmlost würden, spiele zudem die Mitschuld der Geschädigten eine Rolle.

Ein Experte führte in diesem Zusammenhang an: *„Typischerweise findet sich in Fällen der betrügerischen Anlagevermittlung ein System der gestuften Verantwortlichkeit mit gesonderten Prüfungspflichten. Die Rechtsprechung der Zivilsenate zur Haftung des Kapitalanlagevermittlers ist hier Orientierungspunkt. Sollte z.B. ein Vermittler nicht erkannt haben, dass er als Werkzeug missbraucht wird, handelt er vorsatzlos und dann ohne Schuld. Vermittelt er ‚ins Blaue hinein' handelt er schon mit Eventualvorsatz und dann regelmäßig auch schuldhaft. Der Täter im Hintergrund haftet nach den Grundsätzen des Organisationsdeliktes gleichwohl für den Gesamtschaden. Soweit Straftaten nach dem Wertpapierhandelsgesetz in Rede stehen, stellt sich dieselbe Frage: ‚Wer organisiert die Manipulationen?'. Das kann abgegrenzt werden, auch wenn die Ermittlungen hierzu oftmals schwierig sind. Der intelligente, zumeist im Hintergrund organisierende Täter ist halt schwer zu fassen."*

B. Die beteiligten Akteure: Täter und Opfer

Das folgende Kapitel basiert auf Praxiserfahrungen, die den Tätertypus, dessen Vorgehen und mögliche Entwicklungstendenzen in der Begehungsweise skizzieren. Neben dem Täter rücken vor allem Erkenntnisse zur Viktimologie des Anlagebetruges in den Fokus der Analyse, insbesondere welcher Opfertypus sich erkennen lässt und inwieweit bestimmte

Eigenschaften und Merkmale eine Opferwerdung forcieren können. Zudem sollen mögliche Faktoren herausgestellt werden, die eine Anzeigebereitschaft beeinflussen.

I. Das Täterverhalten

Der folgende Abschnitt stellt einen Beitrag zur Darstellung des typischen „modus operandi" auf dem Gebiet der Anlagedelikte dar. Dabei beruht die Analyse auf einer Rekonstruktion von Tätertypen und deren Verhalten. Die befragten Experten fokussieren dabei äußerliche, soziale sowie persönlichkeitsbezogene Eigenschaften der Täter.

1. Skizzierung des typischen Täters

Bei den Täterbeschreibungen der Experten zeichneten sich aufgrund ihrer subjektiven Wahrnehmungen unterschiedliche Tätereigenschaften ab, die jedoch in Bezug auf bestimmte Merkmale Gemeinsamkeiten aufwiesen. Letztlich kristallisieren sich zwei Tätertypen heraus.

Der „eloquente Verkäufertyp"

Dieser Tätertypus wird auch als „smarter Banker" und „Verkäufertyp" beschrieben. Was letztlich auf sein seriöses Äußeres und selbstbewusstes, teilweise „kumpelhaftes" Auftreten und das Präsentieren von Luxusgütern (Uhren, Autos) zurückgeführt wird. Sein Bildungsniveau ist eher durchschnittlich und im Bereich des Anlagemarktes weist er keine bzw. nur geringe Kenntnisse auf. Er wird zudem als „Kleinstadtspießer" beschrieben, der *„mit persönlicher Reputation und Kontakt in seinem Umfeld die Kohle einsammelt, bis er sich eingestehen muss, dass er von Aktien doch nicht so viel verstanden hat, wie er sich und anderen eingeredet hat."*

Er ist wirtschaftlich und rechtlich als eher unerfahren einzustufen – ein *„Self-Made-Man"* mit Erfahrung im Vertrieb jedweden Produkts, der sich nun auf den Vertrieb eines fraglichen und unerprobten Finanzprodukts festlegt, was er als „2. Standbein" betreibt. Vielfach kommen die Täter jedoch aus der Versicherungs- oder der Immobilienbranche, in der sie als Vertreter bereits Erfahrungen gesammelt haben. Der „eloquente Verkäufertyp" handelt überwiegend alleine und im kleineren Stil, er erschleicht sich Gelder von Anlegern aufgrund seiner Redegewandtheit und Überzeugungskraft.

Der „überregionale Finanzhai"

Es ist der Typus des Betrügers und Hochstaplers, gepaart mit Fachwissen aus der Finanzwelt. Er zeichnet sich durch eine überdurchschnittliche Intelligenz aus. Der „überregionale Finanzhai", ist derjenige der einen Prospekt austüftelt, den ein Strukturvertrieb dann an die unbekannten Anleger bringen muss. Daher ist die kriminelle Energie und der Grad der Organisation der verübten Straftaten als durchaus hoch einzustufen. Auch dieser Typ zeichnet sich durch ein eloquentes, seriöses und glaubwürdiges Auftreten aus. Neben seiner Redegewandtheit, einem gewissen Verkaufs- und Überzeugungstalent, verfügt er über ein hohes Maß an Empathie sowie sozialer Kompetenz. Bei Mittätern übernimmt dieser häufig die Aufgabenteilung als „Vertriebsleiter" und „Planer im Hintergrund".

2. Zum Professionalisierungsgrad

Den Professionalisierungsgrad der Täter schätzten die befragten Experten unterschiedlich ein. Ein Teil der Täter bringe eine erhebliche berufsspezifische Professionalität mit, andere dilettierten vor sich hin. Der überwiegende Teil der Täter bediene sich einer Vernetzung auf Vertriebsebene über Ländergrenzen hinweg. Mit Ausnahme seltener Einzelfälle seien jedoch keine Bezüge zur organisierten Kriminalität festzustellen und die Täter schrieben sich diese Eigenschaft auch selbst nicht zu. Trotzdem gingen die Täter besonders in Fällen von großangelegtem Anlagebetrug unter der Nutzung von ausländischen Firmen häufig sehr professionell vor, nähmen unter der Legende rechtmäßigen Handelns weitere professionelle Hilfe (Anwaltskanzleien, Marketingagenturen) in Anspruch und seien auch international vernetzt. Ein Experte stellte zu der Täterthematik folgende Regel auf: *„Je größer der Schaden, desto professioneller war zumeist das Vorgehen und die Organisation der Tat. Hinweise auf eine organisierende Hand finden sich fast in jedem Verfahren. Einzeltäter sind seltener."*

3. Entwicklungstendenzen bei den Begehungsweisen

Bezüglich möglicher Entwicklungstendenzen in der Tatbegehungsweise der Täter sagten die Experten einen größeren Auslandsbezug für die Zukunft voraus. Auch die Verschiebung der Begehungsweise auf die Nutzung neuer technischer Entwicklungen (Internetkriminalität) sei zu befürchten. Diese hätten letztlich eine noch schwerere Nachvollziehbarkeit der Verantwortlichkeiten zur Folge. Tendenziell sei die zunehmende Bedeutung des Internets erkennbar. Tätergruppen werde es leicht gemacht, sich der Anonymität des Internets zu bedienen. Der Wegfall der Vorratsdatenspeicherung sei sehr nachteilig, da mancher erfolgreiche Ermittlungsansatz somit wegfalle. Zudem schaffe es die Möglichkeit, eine entsprechend seriöse Fassade mit geringem Aufwand aufzubauen. Auch glichen die Täter ihre Verkaufsstrategie dem Marktumfeld an (z.b. angebliche Anlage in Edelmetallen in der Finanzkrise). Insofern sei nicht von einem Rückgang der Anlagedelikte auszugehen. Im Moment scheine die Tendenz weg von reinen Finanzanlagen zu gehen. Dafür seien in letzter Zeit betrügerische Anlageformen im Bereich der erneuerbaren Energien verstärkt festzustellen – z. B. betrügerische Vermarktung von Anteilen an Blockheizkraftwerken mit dem Versprechen von Traumrenditen durch Stromeinspeisung nach dem Erneuerbare Energien Gesetz (EEG). Daher werden von Seiten einiger Experten verstärkt Verfahren auf diesem Sektor erwartet.

Insgesamt könne von einer weiter professionalisierten und zunehmend konspirativen Vorgehensweise ausgegangen werden. Auch eine zahlenmäßige Zunahme der Delikte wird prognostiziert. Nach wie vor scheinen die Täter trotz einer insgesamt unsicheren Wirtschaftslage (Finanzkrise und mehreren Kursstürze am Aktienmarkt) auf eine stabile Gesamtheit potentieller Opfer zu treffen, die im Allgemeinen nicht vorsichtiger geworden sei. *„Vertrauen besteht, solange nur die versprochene Rendite stimmt."*

II. Die Opfer

Im Rahmen der Analyse konnten auf Basis der Fallbearbeitungen durch die befragten Staatsanwälte aktuelle Erkenntnisse zur Viktimologie des Anlagebetruges gewonnen werden. Auch hier finden sich in den deskriptiven Beschreibungen unterschiedliche Merkmale, die auf charakteristischen, phänomenologischen und soziodemographischen Eigenschaften beruhen.

1. Bestimmter Opfertypus?

In ihren Charaktereigenschaften wurden „typische" Opfer im Bereich Anlagebetrug als gut- bzw. leichtgläubig gegenüber potentiellen Anlageberatern beschrieben. Vordergründig scheint dabei auch das Vertrauen und das Hoffen auf eine hohe Rendite eine Rolle zu spielen. Somit zeichnet sich ein Opfertypus ab, dem eine überwiegend nutzenorientierte Handlungsstrategie zugrunde gelegt wird. Diese Annahme bewerteten alle Experten durchaus negativ, indem sie die Betroffenen als „gierig" beschrieben. Diese Eigenschaft führe letztlich dazu, dass eine unrealistische Einschätzung und Renditeerwartung auf Seiten der Geschädigten entstehe, was eine erhöhte Gefahr der „Opferwerdung" begründe. Anlässlich dieses Befundes kann das Ausmaß der Opferempathie auf Seiten der Staatsanwälte diskutiert werden.

Soziodemographisch zeichnete ein Experte das Profil eines Opfers, das männlich, mittleren Alters (45–65 Jahre), geschäftlich oder im Anlagebereich erfahren sei und oftmals in ländlichen oder kleinstädtischer Umgebung wohne. In dessen Wertehierarchie stehe Geld und Vermögen sehr weit oben. Dementsprechend messe er Materiellem einen deutlichen Wert bei. Einige Experten gehen von unzureichenden und wenig fachkundigen Informationen über realistisch erwartbare Renditen auf der Opferseite aus. Oftmals wurde der finanziell gut ausgestattete „Kleinanleger" genannt, der eher der Mittel- und Oberschicht angehöre und aufgrund seines guten Bildungsniveaus über Ersparnisse verfüge. In diesem Zusammenhang wurde auf Berufsgruppen, wie Ärzte, klein- und mittelständische Unternehmer o. Ä. hingewiesen. Aber auch der vermögende „Otto Normalverbraucher", der rechtlich und wirtschaftlich unerfahren sei, aber über Liquidität verfüge, wurde als typisches Opfer dargestellt.

Ein Experte verwies auf sog. „Schwarzgeldbesitzer", die jedoch nicht näher dargestellt wurden. Ein weiterer Befragter betonte Sozialneid („den Reibach machen immer nur die anderen") und Scham (zuzugeben, dass man das Konstrukt, den Prospekt, Fachbegriffe oder Wortschöpfungen nicht verstanden hat) als weitere Opfereigenschaften. Auffallend ist, dass im Zusammenhang mit der Viktimologie des Anlagebetruges keine Geschlechterdifferenzierung vorgenommen und kein Bezug auf weibliche Opfer genommen wurde.

2. Eigenschaften und Motive, die die Opferwerdung fördern

Erkennen lässt sich, dass ein Zusammenspiel bestimmter Eigenschaften eine Opferwerdung fördern kann. Als vordergründiges Motiv wurde dabei das übermäßige Gewinnstreben „Gier" der Betroffenen genannt. Dies sei oft gepaart mit Naivität, Unerfahrenheit bzw. Unwissenheit und Risikofreudigkeit. Ein Experte schrieb:

„In hiesigen Verfahren wurde beobachtet: Kapitalanlagen werden hinsichtlich ihres Risikos von Betroffenen häufig falsch eingeschätzt. Da nicht jeder ein gelernter Bankkaufmann ist wird sich nicht vermeiden lassen, dass solche Fehleinschätzungen zukünftig ebenfalls zu beobachten sein werden. Wer keinerlei Vergleichsmaßstab in Form einer Marktübersicht bei seiner Anlageentscheidung hat, ist mehr gefährdet Opfer zu werden."

Die bereits genannten Umstände könnten jedoch nur als einige von vielen angesehen werden. In vielen Verfahren lasse sich beobachten, dass Kapitalanlagen hinsichtlich ihres Risikos von den Betroffenen häufig falsch eingeschätzt würden. Wer keinerlei Vergleichsmaßstab in Form einer Marktübersicht bei seiner Anlageentscheidung habe, sei mehr gefährdet Opfer zu werden. Betrachtet man die Täter-Opfer-Beziehung näher, so weisen die Befunde darauf hin, dass diese Beziehung auf einer gewissen zeitlichen Beständigkeit und vor allem auf Vertrauen des Opfers gegenüber dem Täter beruht.

Im thematischen Studienabschnitt der Viktimologie wurden einige Faktoren herausgearbeitet, die als Rahmenbedingungen für eine mögliche Anzeigebereitschaft bei Anlagedelikten angesehen werden können. Als eher gering schätzen die Experten die Anzeigebereitschaft der Opfer ein, wenn es sich bei der Investition um sog. „Schwarzgelder" gehandelt habe. Begründet wird diese Aussage durch einen Ausschluss steuerlicher Nachteile und mögliche Steuerstrafverfahren, die eine Anzeige durch das Opfer mit sich bringen könne. Eine hohe Anzeigebereitschaft begründeten die Experten mit der Höhe des eingesetzten Kapitals bzw. der eingesetzten Summe – auch im Verhältnis zum Gesamtvermögen der Anleger. Drohe dem Opfer ein hoher bzw. totaler Verlust, so steige die Wahrscheinlichkeit für eine Anzeige.

3. Anzeigebereitschaft und Täter-Opfer-Beziehung

Darüber hinaus habe die Beziehung zum Anlagevermittler bzw. Täter maßgeblichen Einfluss auf die Anzeigebereitschaft der Opfer. Bestehe eine persönliche und vertrauensvolle Beziehung zu diesem, sehe das Opfer häufig von einer Anzeigenerstattung ab – auch in der Hoffnung die versprochenen Gewinne noch zu erhalten. Hinzu kommen Aspekte, die letztlich auf Charaktereigenschaften der Betroffenen zurückgeführt werden können. So zeigt sich aus Sicht der Befragten, dass es bei dem Betroffenen selber liege, inwieweit sich dieser eingestehen könne *„(...) einem Betrüger aufgesessen zu*

74

sein." Wie aus dem allgemeinen Anzeigeverhalten abzuleiten, spielten auch in diesem Zusammenhang Emotionen eine substanzielle Rolle. So stelle eine „Kränkung" durch den Verlust des Geldes oder die Hoffnung das Angelegte zurück zu erhalten häufig die Grundlage für eine Anzeigeninitiierung durch die Opfer dar.

Letztlich habe eine große Anzahl der Betroffenen das Bedürfnis, „*dass der Betrüger bzw. Kapitalanlagebetrüger ,einfährt', wenn er schon die Beute sicher verborgen hält.*" Zudem wiesen einige Experten darauf hin, dass die Angst der Opfer vor Stigmatisierung sowie das Nachtatverhalten der Täter für eine Anzeigeerstattung relevant sei.

C. Die Bedeutung der Parallelverfahren im Zivilrecht

I. Die generelle Einschätzung

Eine Einschätzung über die Bedeutung des Zivilrechts und seine Möglichkeiten fällt durch die befragten Teilnehmer sehr unterschiedlich aus. Von den einen wurde die zivilrechtliche Relevanz als eher gering eingeschätzt, weil es über Zivilverfahren selten gelinge, auf die von den Tätern verschobenen Vermögenswerte zuzugreifen. Von den anderen wurde das Zivilrecht in seiner Bedeutung als sehr relevant beurteilt, weil die Geschädigten damit zumindest einen Teil der angelegten Gelder zurückerhalten könnten. Leider verlagere sich die Haftung häufig auf die Vermittler, da die eigentlichen Initiatoren offiziell vermögenslos seien.

Zudem zeige sich, dass der Zivilrechtsweg für den Geschädigten zur Durchsetzung finanzieller Ansprüche häufig problematisch sei, da der Amtsermittlungsgrundsatz dort nicht gelte, was eine Durchsetzung der Ansprüche in der Regel erschwere. Ein Experte sprach dem Zivilrecht sogar eine noch bedeutendere Stellung als dem Strafrecht zu, da nur auf diesem Wege die Opfer finanzielle Ansprüche geltend machen könnten.

II. Mögliche Synergieeffekte

Auch hinsichtlich der möglichen Synergieeffekte durch die ergänzende Anwendbarkeit von zivil- und strafrechtlichen Vorgehensweisen gehen die Bewertungen der Experten auseinander: Zwar finde in der Regel ein Austausch statt, jedoch seien Synergieeffekte eher selten.

So wurde auf einen Einzelfall verwiesen, bei dem man über das Zivilverfahren an Kontounterlagen gelangt sei, die wegen fehlender Rechtshilfe sonst nicht hätten bezogen werden können. Im günstigsten Fall könne eine zeitige Vermögensabschöpfung Gelder sichern, auf die die Geschädigten nach durchgeführtem Zivilprozess zugreifen könnten. Nur selten würden Adhäsionsverfahren[129] durchgeführt oder begleitend zu einer verfahrensbeendenden Absprache zivilrechtliche Vergleiche in der strafrechtlichen Hauptverhandlung geschlossen.

Unter Betrachtung aller relevanten Argumente der befragten Staatsanwälte kann festgehalten werden, dass insgesamt die Synergieeffekte von straf- und zivilprozessualen Vorgehensweisen als eher gering einzuschätzen sind. Im Hinblick auf die unterschiedliche Beweislastverteilung im Zivil- und Strafprozess seien die Synergieeffekte begrenzt. Allenfalls würden sich solche Effekte beim Insolvenzverfahren und der Rückgewinnungshilfe ergeben.

Ca. zwei Drittel der befragten Experten sahen aber keine generellen Hinweise auf gegenseitige Hemmnisse in Bezug auf parallele straf- und zivilrechtliche Verfahren. In seltenen Fällen wurde auf Verfahrensverzögerungen im strafrechtlichen Bereich aufgrund sich sehr häufig wiederholender Akteneinsichtnahmen – zur Nutzung im Zivilverfahren – verwiesen. In Einzelfällen wurde eine mangelnde Kooperationsbereitschaft der Beschuldigten wegen drohender Zivilrechtsstreitigkeiten beschrieben. Das Aussetzen des Zivilprozesses bis zum Ende des strafrechtlichen Verfahrens komme ebenfalls in der Praxis gelegentlich vor.

---

129 Das in den §§ 403 ff. StPO geregelte Adhäsionsverfahren bietet dem durch eine Straftat Geschädigten die Möglichkeit, seine zivilrechtlichen Ersatzansprüche gegen den Täter im Strafverfahren geltend zu machen. In der Praxis kommt eine verbundene Entscheidung im Adhäsionsverfahren trotz Verbesserungen durch das am 01.09.2004 in Kraft getretene Opferrechtsreformgesetz nur selten vor. Vgl. *Dallmeyer*, JuS 2005, 327 ff.

§ 6 Die Strafnorm des Kapitalanlagebetrugs (§ 264a StGB) in der Praxis

Im Rahmen dieses Analyseabschnitts soll die Bedeutung des § 264a StGB in Bezug auf Anlagedelikte eine nähere Beachtung finden. So widmen sich die Experteneinschätzungen der Anwendung und Effektivität dieses Paragraphen in der Praxis. Zudem soll seine Relevanz in Bezug auf mögliche präventive bzw. repressive Wirkungsmechanismen beurteilt werden. Überprüft werden in diesem Zusammenhang die erste, die zweite und der zweite Teil der dritten Forschungshypothese[130] sowie die aus den ursprünglichen Thesen 4 und 5 abgewandelte Forschungshypothese zu den bei § 264a StGB bestehenden Nachweisproblemen bei objektivem und subjektivem Tatbestand.[131]

A. Die faktische Bedeutung des § 264a StGB

Im Bereich des Kapitalanlagebetrugs konnte im Rahmen der Analyse erarbeitet werden, dass der § 264a StGB keine relevante Rolle als Strafnorm in der staatsanwaltschaftlichen Praxis spielt. So sei dieser nur als *„Auffangtatbestand"* und *„subsidiär"* zu deklarieren.

---

130 Fälle des Anlagebetruges führen allgemein – und insbesondere über die Spezialvorschrift des §264a StGB – kaum zu Verurteilungen. Stattdessen wird häufig aus den griffigeren Spezialnormen des Steuerstrafrechts verurteilt (These 1). Die geringe Strafverfolgungsquote und eine im Vergleich dazu wiederum deutlich geringere Verurteilungsquote lassen eine abschreckende Wirkung der bisherigen Strafvorschriften so gut wie nicht erwarten (These 2). Aus theoretischer Perspektive erleichtern die Rahmenbedingungen des grauen Kapitalmarkts Tätern die Entscheidung zur Deliktsbegehung: Einerseits durch geringe Entdeckungs- und Verfolgungswahrscheinlichkeit (gemäß Rational Choice-Theorie), aber auch durch eine erleichterte Anwendung von Neutralisierungstechniken (z.B. kein Unrecht, naive / gierige Opfer sind es selbst schuld, Gerichte sprechen vom grauen Kapitalmarkt als „großem Glücksspiel"). Eine eindeutige Einstufung und Verfolgung solcher Delikte als Betrug könnte diesen Effekt und damit die Bereitschaft zur Tatbegehung evtl. mildern (These 3).

131 Hauptproblem bei der Anwendbarkeit des § 264a StGB ist der Nachweis seiner komplexen und unbestimmten objektiven Tatbestandsmerkmale sowie des Vorsatzes (abgewandelte These). Vgl. dazu o. § 3 C III 3.

Dagegen sprach sich der überwiegende Teil der Experten dafür aus, dass man in der gängigen Praxis des Anlagebetruges auf die Strafnorm des § 263 StGB zurückgreife. Wie in der Graphik ersichtlich wird, ist auch ein Ausweichen auf die Normen §§ 32, 54 KWG und § 266 StGB weit verbreitet und praxisrelevant.

Abb. 3: Kapitalanlagebetrug: Relevante Strafnormen in der staatsanwaltschaftlichen Praxis

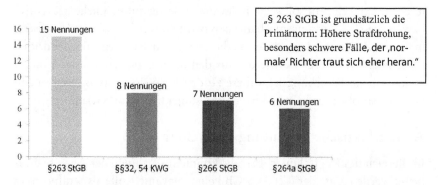

Grundsätzlich kann davon ausgegangen werden, dass § 264a StGB in der staatsanwaltschaftlichen Praxis eher selten zur Anwendung kommt. Dies zeigt sich in dem Jahresdurchschnitt der Verfahren des jeweiligen Zuständigkeitsbereichs. So zeichnet sich ab, dass lediglich in einem Fall ein Aufkommen von 15 bis 20 Verfahren beschrieben wird. Dabei ist zu berücksichtigen, dass neben § 264a StGB auch § 263 StGB in Betracht kommt. Die jährlichen Fallzahlen des § 264a StGB reichen von null („Verfahren werden grundsätzlich auf der Basis der §§ 263 und 266 StGB geführt") bis (selten) fünfzehn Verfahren, meist liegen sie deutlich unter fünf Verfahren.

Zudem berichteten nur drei der Experten von einem tatsächlichen Verfahrensabschluss (Aburteilung / Verurteilung) innerhalb eines Jahres, der sich in einem Umfang von 50 und 80 Prozent der Fälle bewegt. Lediglich eine Staatsanwaltschaft gab einen Wert von 80 Prozent an Ab- bzw. Verurteilungen an, ansonsten schwankte der Wert von (häufig) 0 Prozent bis (selten) 50 Prozent. So führte einer der Experten aus: „*Verfahren dieser Art sind nach hiesiger Beobachtung ein ,Stoßgeschäft'. Wenn sich der Verdacht ergibt, so ist regelmäßig zu beobachten, dass eine Vielzahl von Strafanzeigen eingehen. Sie haben mithin eine hohe Schlagzahl an Neueingängen innerhalb einer kurzen*

Zeitspanne. Es gibt jedoch auch „Phasen der Ruhe", die sog. „Ruhe vor dem Sturm", wo § 264 a StGB im Dezernat wenig Bedeutung zukommt." Im Durchschnitt handelt es sich um eine Verfahrensdauer von sechs Monaten bis zu anderthalb Jahren. Gerade bei umfangreicheren Ermittlungsverfahren zum Anlagebetrug könne die Zeitspanne der Verfahren sich aber auch auf zwei bis vier Jahren erstrecken.

Als Ergebnis kann daher festgehalten werden, dass die Strafnorm § 264a StGB so gut wie keine Relevanz als Verurteilungsgrundlage hat.

B. Die Praktikabilität der Vorschrift – Alternative Normen

Nähere Erläuterungen der Befragten beschreiben, dass § 264a StGB als abstraktes Gefährdungsdelikt zwar gut für die Anwendung geeignet sei, i. d. R. allerdings die Voraussetzungen des § 263 Abs. 1 StGB vorlägen, so dass § 264a StGB nur sehr selten als Auffangtatbestand Bedeutung erlange. Anklagen stützten sich überwiegend auf § 263 StGB, lediglich in seltenen Einzelfällen erfolge vor Gericht eine Verurteilung wegen § 264a StGB.

In der Regel werden Anlagebetrugsfälle auf der Grundlage von § 263 StGB verfolgt. In seiner Anwendung zeigt sich § 264a StGB als eher impraktikabel und zu kompliziert. Insbesondere der Nachweis der Tatbestandsmerkmale Erheblichkeit und Vorsatz sei schwierig. Da § 264a StGB gegenüber § 263 StGB grundsätzlich subsidiär sei bzw. von § 154a StPO Gebrauch gemacht würde, besitze § 264a StGB in der Praxis kaum Relevanz. Zudem sei bei § 263 StGB von keinem „Ausweichparagraphen" auszugeben, da er gerade Sachverhalte erfasse, die in der Praxis tatsächlich relevant seien – so z.B. die Abweichung mündlicher Versprechen von (vollständigen) Prospektangaben.

§ 263 StGB spiele eine große Rolle, denn bei Nachweis eines kausalen Schadens sei dieser immer noch das „schärfere Schwert" und ermögliche hohe Strafen. § 264 a StGB sei als vor gelagertes abstraktes Gefährdungsdelikt indes weiterhin wichtig. Beide Vorschriften würden sich ergänzen und deckten Strafbarkeitslücken ab. Das gesetzgeberische Grundkonzept sei aus Sicht eines Praktikers deshalb nicht zu kritisieren. Der § 264a StGB werde in den verfolgten Fällen allerdings regelmäßig durch § 263 StGB verdrängt, da in diesen Fällen auch die Tatbestandsvoraussetzungen des § 263 StGB verwirklicht seien.

Der zweite Teil der dritten Forschungshypothese wird somit von den befragten Staatsanwälten nicht bestätigt: Eine eindeutige Einstufung und Verfolgung von Anlagebetrugsdelikten als Betrug nach § 263 StGB mit einem gegenüber § 264a StGB erhöhten Strafmaß wird eher abgelehnt.

Was das vermutete Ausweichen auf das Steuerstrafrecht angeht, sieht der überwiegende Teil der Praktiker bei Problemen der Anwendbarkeit des § 264a StGB ein Ausweichen auf das Steuerstrafrecht nicht für relevant an. Nur in drei Fällen verweisen die Interviewpartner auf folgende Aspekte: „Es sei eher umgekehrt, dass nämlich die steuerlichen Delikte gem. § 154 StPO im Hinblick auf § 264 a StGB eingestellt würden". Grundsätzlich sei das Steuerstrafrecht zu vernachlässigen, den Tätern gehe es zumeist darum, aus den versteuerten Zuflüssen ihrer Gesellschaften „gut zu leben". Manche würden Einkünfte versteuern, die sie überhaupt niemals mit ihrem Geschäftsmodell erzielt haben, um vor Ehefrau und Umfeld den tatsächlichen Sachverhalt zu verschleiern.

Insbesondere bei den provisionsberechtigten Anlagevermittlern würden die Provisionen häufig nicht der Besteuerung unterworfen. Regelmäßig ergehe daher Mitteilung nach § 116 AO an die zuständigen Finanzämter. In Einzelfällen könne es vorkommen, dass in Anbetracht der neuen Rechtsprechung des 1. Strafsenates des BGH zum Steuerstrafrecht die Verurteilung wegen der Steuerstraftat auf der Ebene der Strafzumessung „mehr bringe", als der „Kapitalanlagebetrug". Wenn eine Steuerstraftat mithin anklagereif sei, werde diese grundsätzlich in die Anklage aufgenommen. Das sei aber eine Frage des Einzelfalles.

Letztlich kann an dieser Stelle als Votum der befragten Staatsanwaltschaften ein Ausweichen auf das Steuerstrafrecht als nicht relevant festgehalten werden.

C. Die Angemessenheit der Sanktion

Bei einer Gesamtbetrachtung aller ausgewerteten Informationen zeigt sich, dass der größte Teil der Befragten eine Erhöhung des Strafmaßes als nicht sinnvoll betrachtet. Allerdings nennen einige Experten auch nachvollziehbare Gründe für eine Straferhöhung:

Im Rahmen einer möglichen Straferhöhung seien fünf Jahre schon angebracht. Die jetzige Höchststrafe von drei Jahren sei weder für einen Landrichter noch für einen Verteidiger sonderlich beeindruckend und führe zur Einschätzung, der § 264a StGB sei ein reines „Formaldelikt". Ein besonders schwerer Fall – der z.b. an die Summe der aufgrund eines falschen Prospekts eingesammelten Gelder anknüpfen könne – sei wie beim Betrug denkbar und sollte eine Höchststrafe von mindestens fünf Jahren Freiheitsstrafe haben. Solche Fälle als besonders schwere Fälle des Betruges (§ 263 Abs. 3 StGB) zu erfassen, sei oft schon deshalb nicht möglich, weil die für den Betrugsnachweis erforderliche Vernehmung von Tausenden von Zeichnern zum Nachweis der Ursächlichkeit der Prospektangaben für die Anlageentscheidung sich als zu aufwendig erweise. Zudem wäre eine Angleichung des Strafmaßes an den Tatbestand des Betruges dann wünschenswert, wenn § 264 a StGB nicht hinter § 263 StGB zurückträte; solange ein Konkurrenzverhältnis wie derzeit bestehe, mache eine Erhöhung des Strafmaßes wenig Sinn.

Insgesamt sprechen die Staatsanwälte dem § 264a StGB eine – wenn überhaupt – nur geringe Abschreckungswirkung zu. Dies resultiert neben der geringen Strafandrohung des § 264a StGB auch aus grundsätzlichen Zweifeln an der abschreckenden Wirkung von Gesetzen, aus dem geringen Bekanntheits- und Anwendungsgrad des Paragrafen sowie aus den Reaktionsformen von Tätern, die die Vorschrift kennen (Unvollständige Info-Flyer, irreführende Gestaltung der Prospekte, anonymes Agieren).

§ 7 Prävention, Intervention und Ausblick

In § 7 findet der Themenkomplex Prävention und Intervention im Zusammenhang mit dem Deliktsbereich Anlagebetrug Berücksichtigung. Einen Schwerpunkt stellen dabei nationale und internationale Tendenzen und die Zusammenarbeit in diesem Bereich dar.

In einem ersten Teil (A.) werden die aus den Analyseergebnissen abgeleiteten Präventions- und Interventionsmaßnahmen vorgestellt. Dabei werden zunächst Maßnahmen zu relevanten Themenbereichen, die einer überwiegend subjektiven Einschätzung der betroffenen Teilnehmer der Studie entstammen, aufgegriffen und dargelegt. Im Zweiten Teil (B.) wird ein über diese Vorschläge hinausgehender wissenschaftlicher Ausblick gegeben.

A. Präventions- und Interventionsmaßnahmen im Bereich Anlagebetrug

I. Vorbeugung und Bekämpfung

Dem repressiv ausgerichteten Strafrecht sprachen die befragten Staatsanwälte im Zusammenhang mit der Schaffung des § 264a StGB als Abschreckungsinstrument einen eher geringen bis gar keinen Effekt zu. Begründet wurde dies zum einen durch eine nur kleine Anzahl an Verurteilungen. Zum anderen wurde auf die Subsidiarität des § 264a StGB zu § 263 StGB verwiesen. Die nur unzureichende generalpräventive Wirkung zeige sich vor allem in den weiterhin bestehenden und jährlich verursachten Milliarden-Schäden auf Anlegerseite. Ein Staatsanwalt störte sich an dem vorherrschende Strafmaß im Bereich der Anlagedelikte in Relation zu „(…) Kleinkriminellen, wie Junkies, Dauerschwarzfahrern etc. (…)" und forderte als „meine Faustregel: für jedes Jahr guten Lebens auf Kosten anderer auch ein Jahr Vollzug."

Der Abschreckungseffekt des § 264a StGB dürfe zudem relativ gering sein, da der typische Täter häufig ohnehin nur mit bedingtem Vorsatz handle. In dieser Konstellation werde die mögliche Strafbarkeit des eigenen Handelns typischerweise ausgeblendet, so dass jeglicher Abschreckungseffekt von vornherein leerlaufe. Dieses Phänomen sei im Übrigen auch beim typischen Betrüger häufig anzutreffen. Entsprechend argumentiert ein anderer Staatsanwalt, indem er ausführt: „Wer Tathandlungen nach § 264a StGB begeht, legt es im Regelfall auch auf Täuschung und die Verursachung eines Schadens, einer Bereicherung und somit auf einen Betrug an; wer vom Betrugstatbestand nicht abgeschreckt wird, wird es auch von § 264a StGB nicht."

Als weiteres strukturelles Problem wurde der häufig insgesamt (sowohl in der Ermittlung als auch in der Hauptverhandlung) sehr langwierige Verlauf der Anlagebetrugsverfahren genannt. Dies verschaffe den Tätern einen Vorteil und mindere den Sanktionierungs- oder Abschreckungseffekt weiter. Auch der Wegfall der Vorratsdatenspeicherung mache sich im Zusammenhang mit der Verfolgung von Straftaten bei der Kapitalanlagevermittlung bei den Ermittlungsbehörden erschwerend und nachteilig bemerkbar.

Die Experten sehen das Internet als Tatmittel für Delikte im Bereich Anlagebetrug als sehr relevant für die Zukunft an. Als problematisch betrachten sie dabei die Erreichbarkeit größerer Anlegergruppen und damit einhergehend schnell steigende Schadenssummen.

Auf Seiten der Strafverfolgungsbehörden und Gerichte sei eine hohe Bereitschaft und Motivation vorhanden, jedoch fehle es an wirksamen general- und spezialpräventiv ausgerichteten Möglichkeiten. Diese Rahmenumstände erleichterten Fälle von Anlagebetrug, da eine Art „Finanzanlagen-TÜV" nicht existiere. Auch die BaFin nehme hinsichtlich der in § 264a StGB genannten „Prospekte" faktisch nur eine an Formalien orientierte Kontrolle ohne inhaltliche Tiefenprüfung vor, sei mithin kein „Finanzanlagen-TÜV". Einzige Anlaufstelle seien mithin oft die Verbraucherzentralen. Deren sachliche und personelle Ausstattung sei zu verbessern. Das könne ggf. über die Rückgewinnungshilfe organisiert werden. Soweit das aus der Tat des § 264a StGB „Erlangte" dem Verfall unterliege, sei es gerade in Fällen des Kapitalanlagebetruges denkbar, die Tat-Beute jenen Organisationen / Verbänden zukommen zu lassen, welche sich den Opfern verpflichtet sehen. Damit würden gerade die Täter des Anlagebetruges den Schutz jener Opfer mitfinanzieren, die sie zukünftig im Auge gehabt hätten.

II. Der Beitrag als Staatsanwaltschaft zur allgemeinen Prävention / Bekämpfung von Anlagebetrug

Aufgrund der bereits erörterten Effektivität einer Sanktionierung des Anlagebetruges als Abschreckungsinstrument sehen die befragten Experten ihren Beitrag in ihrer staatsanwaltschaftlichen Tätigkeit als marginal an. Zudem sei es primär Sache der Gerichte und nicht der Staatsanwaltschaften, Prävention über Abschreckung zu leisten.

Präventive Wirkung könne faktisch über eine offensivere Pressearbeit in Form von Pressemitteilungen aus Anlass aktuell geführter Verfahren und über Kontakte, die ggf. zur Verbraucherzentrale bestehen, reflexartig erzielt werden. Im Hinblick auf Prävention wäre zudem denkbar, in einem möglichst frühzeitigen Stadium nach Erkennen einer betrügerischen Anlage dies der Öffentlichkeit bekannt zu machen, um zu verhindern, dass weitere Personen in selbige investieren. In der Regel werde dies jedoch aufgrund der damit einhergehenden, potentiellen Gefährdung des Ermittlungszweckes nicht möglich sein. Angeregt wurde vor allem ein intensiverer wissenschaftlicher Austausch in Form von Vorträgen und Diskussionen unter Fachkollegen und weiteren beteiligter Akteuren. Dies werten einige Studienteilnehmer vor allem im Bereich der Anlagedelikte als notwendig und bereichernd.

Als wirksame Möglichkeit eines Sanktionierungsinstruments gegenüber potentiellen Tätern wird eine stärkere Nutzung vermögensabschöpfender Maßnahmen gesehen. Ein erhöhter Verfolgungsdruck sowie eine konsequente und zügige Ermittlung und Strafverfolgung im Rahmen der gesetzlichen Vorgaben, was letztlich eine Aufstockung des bestehenden Personalstamms impliziere, sei wünschenswert. Der überwiegende Teil der befragten Staatsanwälte hielt die Bekämpfung des Anlagebetruges ausschließlich über möglichst intensive Ermittlungen und Anklagen für möglich. Durch eine konsequente Verfahrensleitung könne versucht werden, das Ermittlungsverfahren zu beschleunigen. Durch frühzeitige Einleitung von Finanzermittlungen, die bei Ermittlung von Vermögenswerten in eine Rückgewinnungshilfe münden könnten, könne den Opfern geholfen werden. Zudem sei ein Verbot bestimmter Anlageformen durch Privatpersonen denkbar.

Daher kann zusammenfassend festgehalten werden, dass der präventive Effekt strafrechtlicher Sanktionierung von Anlagebetrug aus Sicht nahezu aller Experten als eher gering eingeschätzt wird. Im Hinblick auf eine mögliche Ausweitung des bestehenden staatlichen Abschreckungs- und Bekämpfungsinstrumentariums ist die Bewertung durch die Staatsanwälte durchaus ambivalent. Der überwiegende Teil hält die bestehenden gesetzlichen Grundlagen – besonders in strafrechtlicher Hinsicht – für ausreichend. Als verbesserungsbedürftig werden jedoch die personellen Ressourcen und die Fachkompetenz der Verfahrensbeteiligten im Bereich Anlagedelikte genannt. Im Speziellen wird an dieser Stelle auf Defizite der Fachlichkeit in den Ermittlungsbehörden verwiesen.

Als hinreichende Bedingung formulierten zudem einige Studienteilnehmer, dass eine konsequente Anwendung der bestehenden rechtlichen Möglichkeiten ausgereizt werden müsse. Gefordert wurde zudem eine Erhöhung des Verfolgungsdrucks sowie die Schaffung spürbarer Sanktionen, eine Ausweitung und Vereinfachung der Rechtshilfeabkommen, eine Angleichung der Regularien zur Vermögensabschöpfung und ein stärkerer Rückgriff auf EUROJUST. Zum Teil wurde die Schaffung einer ,Börsenpolizei' nach US-amerikanischen Vorbild der Securities and Exchange Commission (SEC)[132] gefordert. Darüber hinaus solle der Aufbau transnationaler Ermittlungsdienststellen forciert werden.

Im Hinblick auf Präventionsaspekte verweisen die an der Befragung beteiligten Experten auf eine Reihe von Faktoren und Gegebenheiten, die eine Zusammenarbeit zwischen unterschiedlichen beteiligten Institutionen auf dem Gebiet des Anlagebetruges auf dem „Grauen Kapitalmarkt" effektiver gestalten könnte:

- effektiverer und sehr zeitnaher Informationsaustausch zwischen Anlegerschützern und Staatsanwaltschaften
- „Information als Prävention", Aufklärung der Bevölkerung
- Bundesweit einheitliche Internetpräsenz (Warnungen) mit Verlinkung zu Ermittlungsbehörden (ähnlich BSI)
- Schaffung eines nationalen „Anlagebetrugzentralregisters"
- Schaffung eines „Anlage-TÜVs" (insbesondere solle die BaFin Prospekte nicht nur formal, sondern auch inhaltlich prüfen)
- Reform der Rückgewinnungshilfe
- Verbot bestimmter Anlageformen durch Privatpersonen

B. Ausblick

Im Rahmen eines Ausblicks prognostizierten zwei Drittel der befragten Staatsanwälte eine weiter wachsende Bedeutung des Deliktfelds Anlagebetrug.

---

132 Vgl. zur Geschichte der SEC Martin, Criminal Securities, S. 9 f. und zu ihrem heutigen Verständnis: SEC, The Investor's Advocate.

Als mögliche Ursachen bzw. Gründe für diese Entwicklung werden vordergründig folgende genannt:

- aktuelle Niedrigzinsphase (hohe Investitionsbereitschaft),
- Suche nach alternativen Anlageformen (Vertrauen in klassische Anlegeformen durch Wirtschaftskrise gesunken),
- zunehmende Bedeutung der Privatvorsorge (interessantes Betätigungsfeld für Betrüger),
- Anpassung des „modus operandi" an den technischen Fortschritt, insbesondere an das Internet.

3. Teil: Besondere zivilrechtliche Aspekte aus der Befragung der Anlegeranwälte

§ 8 Die Bedeutung des „Grauen Kapitalmarkts" und des Anlagebetrugs aus der Sicht des Zivilrechts

A. Relativierungs- und Stigmatisierungstendenzen im Bereich des Zivilrechts

Im Bereich des Zivilrechts fällt die Beurteilung Relativierungs- und Stigmatisierungstendenzen deutlicher aus als aus der Sicht der Staatsanwälte.

I. Die Existenz anleger-stigmatisierender Aussagen auf Seiten der Justiz

Alle Anlegeranwälte sehen in der „Verharmlosung der Taten" eine „tagtägliche Praxis", die sie für ihre Mandanten als schädlich empfinden. Hierzu finden sich eine Reihe drastischer Einzelaussagen: Viele Zielrichter verachteten die Anleger, die sich hatten „betrügen lassen", regelrecht. Es gebe eine „richterliche Stammtischmentalität", bei der es häufig heiße: „Ihr wart gierig, ihr wollt ja eh nur Steuern sparen und ihr seid selber schuld". Insbesondere bei Kickbacks könne man von einem Verdrängungsbewusstsein sprechen, mit dem die vorsätzliche Schädigung des Anlegers ignoriert werde. Das Interesse der Richter bestehe oft vorwiegend darin, die Massen von Fällen abzuwehren, was meist zu Lasten der Kläger gehe. Ein Anlegeranwalt meint allerdings, es solle auch Richter geben, die heute darüber nachdenken, dass es einfacher wäre, einen Prospektfehler zu bejahen als 30 Prospektfehler zu verneinen.

II. Die Existenz anleger-stigmatisierender Aussagen auf Seiten der Beklagten

Auch in stigmatisierenden Aussagen seitens der Beklagten sehen die Anlegeranwälte eine „tagtägliche Praxis". Kleinanleger, die ihre ersparten 10.000,00 € verloren hätten, würden oft noch beleidigt und beschimpft. Den geschädigten Anlegern werde unterstellt, sie seien reiche Leute, die im Überfluss des Geldes offensichtlich einen Nervenkitzel suchten und die wüssten, dass Provisionen fließen würden, da eine Bank nicht aus altruistischen Motiven handle.

III. Zuordnung des Verschuldens bzw. Mitverschuldens

Die Zuordnung des Verschuldens wird von den Anlegeranwälten als unproblematisch eingestuft, da zivilrechtlich grundsätzlich das Verschulden vermutet werde. Selbst im Bereich des § 826 BGB sei die Hürde der vorsätzlichen sittenwidrigen Schädigung zivilrechtlich wesentlich einfacher als im Strafrecht zu nehmen, da die Hürden durch die Rechtsprechung deutlich verringert worden seien. Eindeutige Schuldzuweisungen seien insbesondere in Betrugsfällen durch schriftliche Angebotsunterlagen möglich, die Verantwortung für die Erstellung der Angebotsunterlagen sei i.d.R. unproblematisch zuzuweisen. Allerdings wird auch kritisch auf eine Diskussion in der Rechtsprechung verwiesen, die es für den Rechtsirrtum eines Bankvorstandes ausreichen lasse, dass er eine Auskunft bei den eigenen Bankjustitiaren eingeholt habe. Es gebe aber auch Fälle, bei denen ein Mitverschulden des Anlegers kaum zu leugnen sei (z.B. bei Angeboten mit Sitz im Ausland, bei 10 % Rendite pro Monat, etc.). Der Kleinanleger verstehe in der Regel aber nicht, worauf er sich einlasse. Dies sei in der Regel nicht vorwerfbar. Umgekehrt hätten Emittent und Vermittler die Aufgabe, den Kunden umfassend zu informieren.

B. Täter und Opfer

I. Täterverhalten

1. Skizzierung des typischen Täters

Bei der Skizzierung des typischen Täters lassen sich drei Sichtweisen feststellen: Während teils die Meinung vertreten wird, es gebe keine typischen Täter, sind andere der Auffassung, dass sich die typischen Täter sich durch komplett fehlendes Unrechtsbewusstsein auszeichneten, was sich darin zeige, dass diese Täter auch nach einer Haftstrafe die gleichen Delikte erneut begangen und sich dahingehend geäußert hätten, die gierigen Anleger seien selber schuld. Schließlich findet sich aber auch eine differenzierende Ansicht: Oft gehe es um White Collar Crime. Die typischen Täter seien die Bankvorstände bzw. die Leute, die sich die Sachverständigen und die Lobby kauften und damit die Gesetzgebung mit beeinflussten.

Daneben müsse man zwischen den Klein- und Mittelvermittlern und den Großvertrieblern trennen. Zur ersten Gruppe zählten häufig solche, die sich selber hätten betrügen lassen. In der zweiten Gruppe gebe es häufig Strukturen, bei denen man sich Anwälten, Wirtschaftsprüfern etc. bediene, um das System durchzuziehen. Oft werde dann keine Due Diligence gemacht.

2. Zum Professionalisierungsgrad

Der Professionalisierungsgrad der Täter wird – ähnlich wie bei den Staatsanwälten – als sehr unterschiedlich eingestuft. Oft seien die Täter hochprofessionell und Experten im jeweiligen Fachgebiet. Organisationsstrukturen gebe es im Bankbereich und bei größeren Firmen. Auch die Anbieter geschlossener Fonds seien organisiert. In vielen der Fonds agierten dieselben Treuhänder, Prospektgutachter, Mittelverwendungskontrolleure, etc. Die Adressen der Opfer würden oft weiter verkauft und von verschiedenen Emittenten genutzt.

3. Entwicklungstendenzen bei den Begehungsweisen

Als Hauptentwicklungstendenzen bei den Begehungsweisen wurde genannt, dass deren Komplexität und Internationalität zunehme. Die Initiatoren würden dreister und hemmungsloser, da sie die Erfahrung gemacht hätten, dass sie von der Justiz geschützt würden. Zudem seien die Täter „lernfähig", die Rechtsprechung werde ausgewertet und das Verhalten angepasst. Häufig werde eine Exkulpierung dadurch versucht, dass man die Geschädigten als Zeugen benenne.

II. Die Opfer

Im Rahmen der viktimologischen Fragen wurden auch die Anlegeranwälte nach einem bestimmten Opfer-Typus, nach Eigenschaften und Motiven, die die Opferwerdung fördern, und der Anzeigebereitschaft gefragt.

1. Bestimmter Opfer-Typus?

Bei der Frage nach einem bestimmten Opfertypus gibt es zwei Sichtweisen: Während die Anlegeranwälte – ganz parallel zu den Staatsanwälten – überwiegend die Auffassung vertreten, dass es keine typischen Opfergruppen gibt, fand sich auch die Auffassung, dass nach drei typischen Opfergruppen zu unterscheiden sei: (1) institutionelle Anleger, (2) vermögende Privatkundschaft, die für Schäden sensibilisiert sei, und (3) Massengeschädigte, die sich oft gar nicht als Geschädigte begreifen würden.

2. Eigenschaften und Motive, die die Opferwerdung fördern

Als Hauptmotiv zur Geldanlage wird das „Vertrauen" genannt. Daneben gibt es aber auch vielfach das Bedürfnis, Steuern zu sparen und möglichst hohe Rendite bei geringem Risiko zu erzielen, was auch plakativ mit den Schlagwörtern „Hoffnung auf die eierlegende Wollmilchsau" umschrieben wird. „Gier" wird hingegen als ein nur sehr selten anzutreffendes Motiv angesehen, was einfach daran liege, dass die meisten Anlageprodukte mit normalen Renditen beworben werden. Als weitere Motive werden Naivität und Gutgläubigkeit sowie der Zweck der Altersabsicherung genannt. Typische Umstände, die die Opferwerdung förderten, seien zudem, dass zumeist wenig Zeit für die Anlageentscheidung sei und wenig Erfahrungen und Kenntnisse in Anlagen vorliegen würden.

3. Anzeigebereitschaft

Die Anzeigebereitschaft hängt nach übereinstimmender Auffassung zum einen wesentlich von der Höhe des Schadens, zum anderen aber auch vom Ausmaß des enttäuschten Vertrauens ab. Oft müsse ein Opfer vergleichbare Fehler erst mehrfach machen, um das Stadium des „Jetzt reicht es – Bewusstseins" zu erreichen. Entscheidend sei darüber hinaus das Bestehen einer anwaltlichen Vertretung. Anleger stellten normalerweise von sich aus keine Strafanzeige.

Als problematisch wird bei der Anzeige gesehen, dass sie oft kontraproduktiv wirke, weil nach einer strafrechtlichen Verfolgung möglicherweise kein zahlungsfähiger Anspruchsgegner mehr vorhanden sei. Plakativ wird dies wie folgt formuliert: „Die Kuh, die man melken will, darf man nicht schlachten". Hinderlich für eine Anzeige sei zudem häufig die Befindlichkeit der Opfer, denen der gesamte Vorgang peinlich sei und die nicht als mögliche Zeugen weitere Unannehmlichkeiten haben möchten. Eine neue Situation, die möglicherweise zu einem veränderten Anzeigeverfahren führen könnte, bestehe allerdings dadurch, dass nunmehr bei der BaFin Beschwerden gesammelt würden.

C. Die Häufigkeit von deliktischen Ansprüchen – strafrechtliche Schutzgesetze

Deliktische Ansprüche kommen regelmäßig in Fällen, in denen Schadensersatzansprüche wegen fehlerhafter Prospekte geltend gemacht werden, in signifikanter Menge vor. Teils findet sich die Angabe „oft", teils „meistens" oder „in ca. 50% der Fälle". Die strafrechtlichen Schutzgesetzen, auf die diese Ansprüche gestützt werden, sind zumeist § 263 StGB oder § 264a StGB. Daneben werden auch die Insolvenzdelikte (§§ 283 ff. StGB) sowie die Untreue (§ 266 StGB) genannt. Auch gebe es für deliktische Schadensersatzansprüche häufig einen Anknüpfungspunkt bei den Bußgeldvorschriften nach § 39 WpHG, und zwar Verstöße gegen § 32 KWG (fehlende Erlaubnis) und gegen 31d WpHG (Verbot der Zuwendung). In diesem Zusammenhang wurde auch erwähnt, dass der § 26 BörsenG (Verbot der Spekulation) von seinem Tatbestand her oft einschlägig sein müsste und damit eigentlich eine Rolle spielen sollte, jedoch praktisch nicht zur Anwendung gelange.

Zum Teil wurde eine Bedeutung des § 264a StGB als Schutzgesetz nur für die Fälle angenommen, bei denen es um eine Durchgriffshaftungen auf Hinterleute ging. Dann sei aber zumeist auch ein Anspruch über § 826 BGB denkbar und dieser sei wesentlich einfacher zu begründen. Auch für diesen Spezialfall sei damit die Bedeutung des § 264a StGB marginal.

D. Hemmnisse im Bereich der Verfolgung

Als Haupthemmnisse im Bereich der Verfolgung werden von den Zivilanwälten die Komplexität des Themas, Schwierigkeiten bei der Informationsbeschaffung, Nachweisprobleme und der oft beträchtliche Zeitablauf zwischen Tatbegehung und Tatentdeckung genannt. Ein Hauptproblem bestehe darin, dass die Verjährung nicht mit der Entdeckung, sondern mit der Tat zu laufen beginne. Im Übrigen wird ein im Regelfall vorhandenes Desinteresse der Staatsanwaltschaften für diese Verfahren beklagt. Dies liege daran, dass oft schon nicht der Unwertgehalt der Tat erkannt werde.

E. Die Herausforderungen dieser Verfahren für den Anlegeranwalt

Die Herausforderungen dieser Verfahren bestehen nach übereinstimmender Auffassung in deren relativ hoher Komplexität. Recherche und Nachweis sei schwierig, weil in der Regel bei der Staatsanwaltschaft keine Akteneinsicht ermöglicht werde. Eigene Recherchen seien daher aufwändig und teuer und würden von den Mandanten nicht bezahlt, zumal es sich bei diesen oftmals um Kleinanleger handle.

Zudem bedürfe die Aufklärung erheblichen Fachwissens und teilweise erheblichen Zeitaufwandes. Hinzu komme, dass es zumeist eine große Zahl von in Betracht kommenden Anspruchsgegner gebe (z.B.: Prospektherausgeber, Initiator, Treuhänder, Mittelverwendungskontrolleur, Aufsichtsrat, Vermittler / Berater u. a.). Bei Massenverfahren komme als besonderes Problem dazu, den Nachweis des jeweils konkreten Schadens erbringen zu müssen, d.h. jeder einzelne Geschädigte müsse als Zeuge benannt werden.

Auch im Bereich der Sicherstellung des Geldes durch das zivilrechtliche Instrument der Arreste gebe es Schwierigkeiten. So reiche der bloße Umstand der Strafbarkeit für die meisten OLGs für einen Arrest nicht aus. Vielmehr werde ein Arrestanspruch, z.B. aus § 826 BGB, und eine Arrestgrund (z.T. Erfordernis konkreter Hinweise auf Flucht) verlangt.

§ 9 Die Bedeutung des § 264a StGB im Zivilrecht

A. Die Funktion des Zivilrechts beim Anlegerschutz

Bei den Zivilrechtsanwälten bestand Einigkeit darüber, dass die besondere Funktion des Zivilrechts für den Anlegerschutz darin bestehe, dass es grundsätzlich dem einzelnen Kläger die Möglichkeit des Schadensersatzes, oft auch im Wege des Arrestverfahrens, biete. Der Erfolg hänge – gerade auch bei Arrestverfahren – aber letztlich davon ab, wie das jeweilige OLG das Recht anwende. Dies bewirke in Einzelfällen eine Schadlossstellung, insgesamt aber nur im Promillebereich. Die Anlegeranwälte forderten daher übereinstimmend die Möglichkeit eines Sammelklageverfahrens, damit nicht jeder einzelne Kläger eine Klage einreichen müsse.

B. Die faktische Bedeutung der Strafnormen und der Strafverfahren für den Anlegerschutz

Bei der Frage, ob es einen umfassenden Schutz der Anleger durch Strafrecht geben könne, wird differenziert: Im Bereich der reinen Betrugsfälle (z.B. bei Schwindelfirmen ohne ein tatsächlich existierendes Anlageobjekt), sei dies denkbar. Hier werde oft schnell ermittelt, verhaftet und das Vermögen beschlagnahmt. Demgegenüber gebe es im Bereich der geschlossenen Fonds, Genussrechte, stillen Beteiligungen etc. keinen umfassenden Schutz. Hier komme es kaum zu Ermittlungsverfahren. Insbesondere werde gegen große Emittenten ungern oder gar nicht ermittelt. Auch in diesem Zusammenhang wird das Problem genannt, dass die Ansprüche zu schnell verjähren. Die Kenntnis über vom Prospekt abweichende Sachverhalte trete oft erst nach acht oder neun Jahren ein.

Ein umfassender Schutz der Anleger durch Strafrecht bestehe auch deshalb nicht, weil das Adhäsionsverfahren,[133] das ja eigentlich zu Schadensersatz führten solle, kaum angewandt werde. Gerade bei Massenschädigungen, bei denen es ja oft um kriminelles Verhalten gehe und wo das

---

133 S. zum Adhäsionsverfahren o. Fn. 129.

Adhäsionsverfahren zu einer relativ guten Verteilung führen könne, beriefen sich die Gerichte oft darauf, dass sie mit solchen Verfahren überlastet seien.

Es wird weiter beklagt, dass es keine effektive Abschreckungswirkung und auch keine wirklich effektive Rückgewinnungswirkung des Strafrechts gebe. Der Fall Comroad[134] zeige, dass bei Sicherstellung der Vermögenswerte über die Verfallsanordnungen nach StGB die Vermögenswerte am Schluss in die Tasche des Staates fließen und nicht in die der Opfer. Das sei auch so gewollt.

Die Frage, ob neue Gesetze materieller Art nötig sind, wurde eher verneint. Gefordert wurde vielmehr, dass das, was vorhanden ist, effektiv angewendet werden solle. Als besonders gravierendes Manko in der Strafrechtsanwendung wurde dabei der Bereich der Massenschädigungen durch versteckte Innenprovisionen (kick-back) angesehen, bei dem die Anwendung des naheliegenden § 263 StGB reine Theorie sei. Als einer der Gründe dafür wurde für den Bereich der Banken – etwas polemisch – angeführt: Solange die Vorstellung dominiere, *„Banken müssen auch leben"*, fehle es am Problembewusstsein und bei den Tätern am Unrechtsbewusstsein. Alternativ wurde aber von einigen die Auffassung vertreten, dass auch materiell-rechtlich nicht einmal im Ansatz ein ausreichender Schutz der Anleger vorhanden sei.

C. Die Sinnhaftigkeit einer spezifischen Strafnorm und die Eignung des § 264a StGB

Die Sinnhaftigkeit einer spezifischen Strafnorm wurde grundsätzlich bejaht, aber die existierende Vorschrift des § 264a StGB wegen ihrer seltenen Anwendung als nur bedingt wirkungsvoll angesehen. Wegen des *„Leerlaufens"* des § 264a StGB fehle dessen Abschreckungswirkung.

Zur Frage, ob eine bessere Abschreckung denkbar ist, wurde überwiegend die Auffassung vertreten, dass § 264 a StGB grundsätzlich schon einen ausreichenden Auffangtatbestand darstelle. Allerdings sollte dessen kurze Verjährung angepasst werden. Auch in diesem Zusammenhang wurde wieder betont, es gehe nicht um die Normen, sondern um deren Anwendung (z.B. auch des § 26 BörsG).

---

134 Vgl. zu diesem Fall: *Mohr, Daniel*, F.A.Z v. 03.03.2009.

Weiter sollten die Möglichkeiten der Geldabschöpfung verbessert werden. Außerdem müssten verstärkt Verantwortliche aus namhaften Unternehmen strafrechtlich zur Verantwortung gezogen werden.

Die Eignung des § 264a StGB zur Bekämpfung von Anlagebetrug wurde daher kritisch gesehen. Die Sachverhalte seien i.d.R. sehr komplex und erforderten zum einen detaillierte Sachkenntnis und zum anderen Zeitaufwand, was zumeist beides nicht zur Verfügung stehe. Der Kausalnachweis sei oft problematisch, wenn es um die Täuschung von Anlegergruppen und nicht nur um Individuen gehe.

Die Staatsanwaltschaften interessierten sich i.d.R. nicht für diese Verfahren, weil oft – wie bereits erwähnt – schon nicht der Unwertgehalt der Tat erkannt werde.

D. Die Rolle des § 263 StGB

Im Gegensatz zu der Einschätzung der Schwerpunktstaatsanwaltschaften wurde die Rolle des § 263 StGB von den Anlageranwälten als *„minimal"* bzw. *„eher gering"* eingestuft. Die Anwerbung der Anleger erfolge in der Regel über Strukturvertriebe oder Banken, die die Anleger fehlerhaft berieten. Ein Vorsatznachweis sei hier selten, so dass § 263 StGB nicht beweisbar sei. § 263 StGB sei zwar insbesondere gegenüber Banken im Kickback-Bereich interessant, werde aber von den Staatsanwaltschaften nicht verfolgt.

§ 10 Bekämpfung, Vorbeugung und Ausblick

A. Bekämpfung und Vorbeugung

Im Rahmen der Bekämpfung und Vorbeugung wurde zunächst nach der Effektivität der Sanktionierung / Abschreckung gefragt. Danach sollten die Anwälte ihren möglichen Beitrag als Anwalt zur Prävention bzw. Bekämpfung beschreiben und schließlich zu der Frage Stellung nehmen, ob eine Ausweitung des staatlichen Abschreckungs- und Bekämpfungsinstrumentariums wünschenswert sei.

I. Effektivität der Sanktionierung bzw. Abschreckung?

Die Zivilanwälte sahen generell kaum einen Abschreckungseffekt von Sanktionen. Dies liege vor allem am Fehlen einer effektiven Aufsichtsbehörde, wie z.b. die SEC[135] in den USA oder die AMF[136] in Frankreich. Zudem sei die Strafverfolgung in den Bundesländern unterschiedlich, was einer der Befragten so ausdrückte: *„In Düsseldorf kommen sie mit einer Bewährung davon, was ihnen in Würzburg neun Jahre einbringen kann."*

Als ein Problem in diesem Zusammenhang wurde genannt, dass die Täter nach der Hälfte oder 2/3 der Verbüßung ihrer Freiheitsstrafe auf freien Fuß gesetzt und nicht zur Opferentschädigung verpflichtet würden. Als „Alternative" wurde folgendes Beispiel genannt: Ein Betrüger aus Düsseldorf habe dort eine Art Verwarnung von dem Gericht für seine Betrügereien erhalten. In New York habe er dieselben Taten fortgesetzt und sich eine Gefängnisstrafe von 20 Jahren eingehandelt. Er könne nicht mit einer vorzeitigen Entlassung rechnen, es sei denn, er entschädige alle Anleger. Vor diesem Hintergrund wurde vorgeschlagen, als Sanktion, das zurückgeholte Geld dem Geschädigten zufließen zu lassen.

---

135 S.o. Fn. 132.

136 Die AMF (Autorité des marchés financiers) ist die französische Kapitalmarktaufsichtsbehörde. Vgl zu ihrer Bedeutung Kester-Haeusler-Stiftung, Die französische Kapitalmarktaufsichtsbehörde AMF und vgl. zu ihrer Selbstdarstellung AMF, Missions & compétences.

II. Beitrag als Anwalt zur Prävention bzw. Bekämpfung

Die Möglichkeit als Zivilanwalt einen Beitrag zur Prävention / Bekämpfung zu leisten, wurde von den Befragten als minimal bezeichnet. Allenfalls lasse sich über Medienarbeit eine gewisse Vorbeugung erzielen. Immerhin gebe es durch häufige Anzeigeerstattung eine Mitwirkung bei der Strafverfolgung. Außerdem komme es seitens der Anwälte oft zu Informationen über Missstände an die Europäische Kommission und den Finanzausschuss im Bundestag.

Der Hauptbeitrag, den Zivilanwälte leisten können, wurde zumeist in einer qualifizierten Prozessführung gesehen. Unproduktiv seien hingegen schlechte und ziellose Klagen, die bei den Gerichten nur extreme Antipathie verursachten. Teilweise tauchte die Forderung nach einer „Klägerindustrie" auf, die gezielt Geschädigte finde und die Opfer für eine Klage sensibilisiere.

III. Ausweitung des staatlichen Abschreckungs- und Bekämpfungsinstrumentariums

Eine Ausweitung des staatlichen Abschreckungs- und Bekämpfungsinstrumentariums wurde von den befragten Anwälten durchgehend als dringend erforderlich angesehen. Allerdings ging es dabei weniger um die Forderung nach neuen Vorschriften als vielmehr um eine andere Praxis bei der Umsetzung. Die Staatsanwaltschaften sollten ihre Prioritäten überdenken. Insbesondere seien eine verbesserte Geldabschöpfung und Sicherstellung sowie eine verbesserte Information der Opfer erforderlich. Die BaFin müsse mehr Kompetenzen und Pflichten zum Anlegerschutz übertragen erhalten. Außerdem sollten die Verjährungsregelungen reformiert werden.

Materielle Rechte seien grundsätzlich genügend vorhanden. Was fehle, sei die konsequente Anwendung der Gesetze. Im Verfahrensrecht wurden allerdings überwiegend drei Änderungen gefordert:

(1) eine Harmonisierung sämtlicher Verjährungsvorschriften mit dem BGB;

(2) die Beweisermittlung müsse den Klägern durch eine „pretrial discovery"[137] wie in den USA ermöglicht werden;

---

137 Das Verfahren der pretrial discovery ermöglicht nach US-amerikanischem Zivilprozessrecht, dass die Gegenpartei in einem sehr frühen Verfahrensstadium

(3)   effektiver kollektiver Rechtsschutz müsse durch die Möglichkeit einer Sammelklage wie in den USA geschaffen werden.

B. Ausblick

I. Möglichkeiten der Synergien von straf- und zivilprozessualen Vorgehensweisen

Die Möglichkeiten von Synergien von straf- und zivilprozessualen Vorgehensweisen wurden seitens der Anlegeranwälte allgemein vor allem auf zwei Feldern gesehen: bei der Sicherstellung von Vermögenswerten und bei der Weiterleitung von Informationen an geschädigte Kapitalanleger.

Allerdings bestehe hier zwischen Theorie und Praxis eine große Diskrepanz: Theoretisch sei es sinnvoll, wenn Erkenntnisse durch die Ermittlungsakten gewonnen werden könnten; praktisch werde aber zumeist keine Akteneinsicht an die Anwälte der Geschädigte gewährt. Die gegenwärtige Praxis sei von gegenseitigen Behinderungen geprägt. Da die Akteneinsicht zumeist verweigert werde, müsse oft darüber prozessiert werden.

Eine weitere Schwierigkeit bestehe in Parallelverfahren, die für den Zivilkläger zeitraubend und damit oft kontraproduktiv seien. Außerdem bestehe das Problem, dass bei einem parallelen Strafverfahren das Zivilgericht den Prozess für Jahre aussetzen könne. Zwar seien solche Aussetzungen selten, da keine Bindungen an die Entscheidungen aus dem anderen Rechtszweig bestünden. Dies könne aber zu dem weiteren Problem führen, dass Klagen abgewiesen würden, obwohl der Täter rechtskräftig z.B. wegen Betruges verurteilt worden sei.

Generell fehle es an einer Zusammenarbeit der Staatsanwaltschaft mit den Zivilgerichten. Zwar gebe es die Möglichkeit des Adhäsionsverfahrens, doch finde dies praktisch nicht statt. Es wird daher z.T. vorgeschlagen, die Möglichkeit des Adhäsionsverfahrens zu verstärken, wobei man sich am Vorbild der Schweiz orientieren könne.

Idealerweise sei es wünschenswert, einen Beweismittelaustausch in parallel laufenden Straf- und Zivilverfahren zu ermöglichen. Außerdem wurde vorgeschlagen, dass die Verjährung parallel laufen solle. Solange innerhalb

---

verpflichtet wird, umfassend Beweismittel offenzulegen; vgl. dazu näher: *Rieckers*, RIW 2005, 19.

der absoluten 10-jährigen Frist zivilrechtlich nichts verjähre, dürfe strafrechtlich auch nichts verjähren.

II. Zusammenarbeit mit anderen Institutionen

In der Zusammenarbeit mit anderen Institutionen wurde ein Optimierungsbedarf gesehen und vorgeschlagen, Symposien zu organisieren, bei denen die Beteiligten Erfahrungen austauschen könnten, so dass beispielsweise die unterschiedlichen Sichtweisen von Staatsanwaltschaften und Verbraucherorganisationen deutlich würden und Spielregeln für den Umgang miteinander vereinbart werden könnten.

Generell wurde die Arbeit der Verbraucherverbände als nützlich angesehen und insgesamt mehr öffentliche Transparenz gefordert.

Kritisiert wurde die Entscheidung des Gesetzgebers, die Gewerbeämter mit der Aufsicht über die Vermittler zu betrauen. Es müsse eine zentrale Behörde (idealerweise die BaFin) geben, die mit entsprechenden Befugnissen ausgestattet sei.

III. Rechtliche Repression oder Prävention durch Information?

Nach Auffassung der befragten Zivilanwälte funktioniert „Prävention durch Information" nicht. Hier würden nur strengere Gesetze und Aufsicht helfen. In Frankreich, das insoweit strengere Gesetze habe, gebe es beispielsweise so gut wie keinen Anlagebetrug und auch keinen „Grauen Kapitalmarkt".

Denkbar sei eine starke formale Reglementierung auf der Anbieterseite, etwa durch eine Zulassung nur mit dem Nachweis der Seriosität, der Haftpflicht und der Kenntnisse. Das gewerbliche Angebot von Anlagen ohne Erlaubnis könnte schon per se ein Straftatbestand sein, so dass der Vertrieb von fragwürdigen Produkten einfach und sofort unterbunden werden könnte.

Eine verbesserte Prävention durch verstärkte Information sei problematisch, weil es schon jetzt eine „information overload" gebe. Der Verbraucher brauche knappe Information durch Produktinformationsblätter mit zwei, maximal drei Seiten. Je knapper eine Information sei, desto größer sei die Wahrscheinlichkeit, dass sie gelesen werde.

Letztendlich werde Vertrauen verkauft, nicht das Produkt. Deshalb sei die Orientierung der Information primär am Produkt problematisch. Alternativ könnte man eine Reihe von Produkten schlichtweg für Privatanleger verbieten. Wenn schon das Produkt keiner brauche, könne es auch keine Herstellung eines Gleichgewichtes durch Produktaufklärung geben.

IV. Zukünftige Bedeutung des Deliktsfelds

Auch in Zukunft werde das Deliktsfeld Bedeutung haben, weil Täter lernfähig seien. Sie werteten die Rechtsprechung aus und passten ihr Verhalten an. Das Deliktsfeld werde so fortbestehen, sich aber umorientieren und neue Geschäftsfelder erschließen, was angesichts der wachsenden Bedeutung der privaten Altersvorsorge eigentlich eine Unmöglichkeit darstelle.

Zudem gebe es einen schleichenden Übergang des „Grauen Kapitalmarktes" zu angeblich mehr oder weniger seriösen Anbietern. Manche Geschäftspraxis (z.B. Swaps der Deutschen Bank) würden auch zu jedem Anbieter des „Grauen Kapitalmarktes" gut passen. Im klassischen „Grauen Kapitalmarkt" seien die Betrugsfirmen letztlich aufgrund des Eingreifens der zivilrechtlichen persönlichen Haftung des Geschäftsführers überwiegend verschwunden, heute sei dagegen nicht klar, inwieweit – insbesondere im Bankenbereich – Versicherungen eine Rolle spielten.

4. Teil: Gesamtergebnis

§ 11 Fazit

Im Fazit werden die im Rahmen der Studie gewonnenen Kernpunkte und Ergebnisse zusammenfassend präsentiert. Dies kann vor allem für die juristische Praxis einen Zugewinn im Bereich des Opferschutzes bringen, da sie den aktuellen Forschungsstand nicht nur quantitativ bestätigen, sondern auch detailliert auf die qualitativ relevanten Aspekte Bezug nehmen. Zusammenfassend lässt sich auf Basis der Analyseergebnisse der qualitativen Experten-Befragung der Staatsanwälte und der Anlegeranwälte auf die nachfolgenden Ergebnisse verweisen:

- Die Mehrheit der befragten Staatsanwälte hält den Anlegerschutz innerhalb der begrenzten Möglichkeiten des Strafrechts für gewährleistet, bezieht sich hierbei aber nicht auf den § 264a StGB.
- Demgegenüber werfen die befragten Opferanwälte den Staatsanwaltschaften ein häufig geringes Interesse an der Verfahrenseinleitung und -durchführung vor und beobachten ein deutlich höheres und ihrer Meinung nach auch die gerichtliche Urteilsfindung beeinflussendes Maß an Stigmatisierungsprozessen gegenüber den Opfern.
- § 264a StGB wird zwar meist als grundsätzlich sinnvoll, aber wenig praxisrelevant betrachtet und kommt kaum zur Anwendung. („Nice to have")
- Die Problematiken des Tatbestands- und Kausalnachweises tragen hierzu deutlich bei, dürften aber nicht die alleinigen Gründe für die geringe Praxisbedeutung des § 264a StGB sein. (vgl. Konkurrenz zum § 263 StGB, Verfahrens-ökonomische Gründe)
- Eine etwaigen Erhöhung des Strafmaßes (z.B. „Kapitalanlagebetrug in besonders schwerem Fall") wird eher abschlägig beurteilt, dies allerdings vorrangig unter Bezugnahme auf die überwiegende Anwendung des § 263 StGB.
- Deutlicher Optimierungsbedarf wird in der Ressourcenausstattung der zuständigen Staatsanwaltschaften, der Aus- und Fortbildung (v. a. auch Polizei sowie solide Vorermittlungen), der Erleichterung der internationalen Rechtshilfe und Zusammenarbeit sowie – im Sinne der Prävention – der Schaffung eines gesamtgesellschaftlichen Problembewusstseins gesehen.

Für das Zivilrecht als ein das Strafrecht flankierendes Instrument des Anlegerschutzes lassen sich aus den Experten-Interviews der Anlageranwälte folgende spezifische Feststellungen bzw. Forderungen ableiten:

- Die Verjährung von Ansprüchen ist mit drei Jahren zu kurz.
- Theoretisch besteht mit einer Strafnorm, die – wie der § 264a StGB – in der Regel Schutzgesetz nach § 823 Abs. 2 BGB ist, eine hervorragende Anspruchsgrundlage. In der Praxis tun sich die Zivilgerichte aber vor allem wegen des Vorsatznachweises schwer.
- Das Adhäsionsverfahren wird als grundsätzlich gut und sinnvoll bewertet, findet in der Praxis aber so gut wie nicht statt.
- Eine zivilrechtliche Verurteilung kann zu deutlich empfindlicheren Strafen führen als eine strafrechtliche Verurteilung; eine strafrechtliche Verurteilung besitzt jedoch einen deutlich höheren Abschreckungswert.

Literatur- und Quellenverzeichnis

Assmann, Heinz-Dieter; Schütze, Rolf A. (Hrsg.): Handbuch des Kapital-anlagerechts, 3. Aufl. 2007, München: Verlag C.H. Beck, zit.: *Bearbeiter,* in: *Assmann / Schütze AMF (Autorité des marchés financiers):* Missions & compétences, abrufbar unter: *http://www.amf-france.org/L-AMF/Missions-et-competences/Presentation.html (01.08.2014)*

BaFin (Bundesanstalt für Finanzdienstleistungsaufsicht): Verbraucherschutz: BMF und BMJV legen Aktionsplan vor und schnüren Maßnahmenpaket, abrufbar unter: *http://www.bafin.de/SharedDocs/Veroeffentlichungen/DE/Fachartikel/2014/fa_bj_1406_verbraucherschutz.html (01.08.2014); zit.: BaFin, Aktionsplan.*

BaFin: Jahresbericht 2005, abrufbar unter: *http://www.bafin.de/Shared Docs/Downloads/DE/Jahresbericht/dl_jb_2005.pdf?__blob= publicationFileund* (01.08.2014); zit.: BaFin, Jahresbericht 2005.

BaFin: Grauer Markt und schwarze Schafe, Broschüre, Frankfurt a.M. April 2014, abrufbar unter: *http://www.bafin.de/SharedDocs/Downloads/DE/Broschuere/dl_b_grauer_kapitalmarkt.pdf?__blob=publicationFile&v=6 (01.08.2014); zit.: BaFin,* Grauer Markt

Bandzimiera, Krystian: Anlegerschutz und das KAGB: das Scheitern einer einst guten Idee?, veröffentlicht am 26. Juli 2013, abrufbar unter: *http://essenceoffinance.com/de/2013/07/26/anlegerschutz-und-das-kagb-das-scheitern-einer-einst-guten-idee/ (01.08.2014); zit.: Bandzimiera, Anle-gerschutz*

Begner, Jörg: Honorar-Anlageberatung: Neue Regeln ab August 2014 in Kraft, abrufbar unter: *http://www.bafin.de/SharedDocs/Veroeffentli-chungen/DE/Fachartikel/2014/fa_bj_1407_honorar-anlageberatung. html (01.08.2014)*

Birnbaum, Günter: Stichwort „Churning" in: wistra 1991, S. 253–256.

BKA (Bundeskriminalamt): Polizeiliche Kriminalstatistik (PKS), Jahrbuch für die Jahre 2001–2012, abrufbar unter: *http://www.bka.de/DE/Publi-kationen/PolizeilicheKriminalstatistik/AeltereAusgaben/PksJahrbuecher/pksJahrbuecher__node.html?* (01.08.2014), zit.: *BKA,* PKS Jahrbuch

BMF (Bundesfinanzministerium der Finanzen): Referentenentwürfe: Kleinanlegerschutzgesetz vom 28.07.2014, abrufbar unter: *http://*

www.bundesfinanzministerium.de/Content/DE/Gesetzestexte/ Referentenentwuerfe/2014-07-28-kleinanlegerschutzgesetz.html (01.08.2014); zit.: BMF, Referentenentwürfe: KleinanlegerschutzG

BMF: Diskussionsentwurf des Gesetzes zur Stärkung des Anlegerschutzes und Verbesserung der Funktionsfähigkeit des Kapitalmarkts v. 3.5.2010, abrufbar unter: *http://gesetzgebung.beck.de/sites/gesetzgebung.beck.de/ files/DiskE-BMF-Anlegerschutzverbesserungsgesetz.pdf (01.08.2014); zit.: BMF, Diskussionsentwurf AnlSchG*

BMF: Diskussionsentwurf für ein Gesetz zur Novellierung des Finanz-anlagenvermittler- und Vermögensanlagenrechts, Bearbeitungsstand: 16.02.2011, abrufbar unter: *http://gesetzgebung.beck.de/sites/gesetz-gebung.beck.de/files/Diskussionsentwurf.pdf (01.08.2014); zit.: BMF, Diskussionsentwurf VermAnlG-E*

BMI: Polizeiliche Kriminalstatistik 2013, abrufbar unter: http://www. bmi.bund.de/SharedDocs/Downloads/DE/Nachrichten/Pressemitteilun-gen/2014/06/PKS2013.pdf?__blob (01.08.2014); zit.: BMI, PKS 2013

BMJV (Bundesministerium der Justiz und für Verbraucherschutz): Aktionsplan Verbraucherschutz im Finanzmarkt vorgestellt, abrufbar unter: http:// www.bmjv.de/SharedDocs/Kurzmeldungen/DE/2014/20140522_ Aktionsplan_Verbrauherschutz_im_Finanzmarkt.html (01.08.2014); zit.: Bundesministerium der Justiz und für Verbraucherschutz: Aktionsplan

BMEL (Bundesministerium für Ernährung und Landwirtschaft): Pres-semitteilung Nr. 048 vom 24.02.11, Aigner: „Qualitätsoffensive Ver-braucherfinanzen" wird fortgesetzt; abrufbar unter: *http://www.bmel. de/SharedDocs/Pressemitteilungen/2011/048-AI-Qualitaetsoffensiver-braucherfinanzen.html;jsessionid =2C403476F4DFE4EEC393E0B9F-827D76A.2_cid376 (01.08.2014); zit.: BMEL, Pressemitteilung*

BR-Drucks. 209/11 v. 15.04.11, Gesetzentwurf der Bundesregierung zum Entwurf eines Gesetzes zur Novellierung des Finanzanlagenvermittler-und Vermögensanlagenrechts, abrufbar unter: *http://dipbt.bundestag.de/ dip21/brd/2011/0209-11.pdf (01.08.2014)*

BR-Drucks. 209/11 (Beschluss) v. 27.05.11, Stellungnahme des Bundes-rates zum Entwurf eines Gesetzes zur Novellierung des Finanzanlagen-vermittler- und Vermögensanlagenrechts, abrufbar unter: *http://dipbt. bundestag.de/dip21/brd/2011/0209-1-11.pdf (01.08.2014)*

BR-Drucks. 674/1/11 v. 11.11.2011, Empfehlung des Finanzausschus-ses zum Gesetz zur Novellierung des Finanzanlagenvermittler- und

Vermögensanlagenrechts, abrufbar unter: *http://gesetzgebung.beck.de/ sites/gesetzgebung.beck.de/files/br-drs674-1-11.pdf (01.08.2014)*

BR-*Drucks. 279/14 vom 30.06.14:* Antrag des Landes Hessen: Entschließung des Bundesrates zur effektiven Regulierung des sogenannten Grauen Kapitalmarkts, abrufbar unter: *http://dipbt.bundestag.de/dip21/ brd/2014/0279-14.pdf* (01.08.2014)

BT-*Drucks. 10/318, v. 26.08.83, Gesetzentwurf der Bundesregierung, Entwurf eines Zweiten Gesetzes zur Bekämpfung der Wirtschaftskriminalität, abrufbar unter: http://dip21.bundestag.de/dip21/btd/10/003/1000318. pdf (01.08.2014)*

BT-*Drucks.14/1633,* Bericht der Bundesregierung zum „Grauen Kapitalmarkt" v. 17.09.1999, abrufbar unter: *http://dip21.bundestag.de/dip21/ btd/14/016/1401633.pdf* (01.08.2014)

BT-*Drucks. 15/3174:* Entwurf eines Gesetzes zur Verbesserung des Anlegerschutzes (Angerschutzverbesserungsgesetz – AnSVG), vom 24.05. 2004, abrufbar unter: http://dip21.bundestag.de/dip21/btd/15/031/1503174. pdf (01.08.2014)

BT-*Drucks. 17/6051,* Gesetzesentwurf der Bundesregierung des Gesetzes zur Novellierung des Finanzanlagenvermittler- und Vermögensanlagenrecht v. 6.6.2011, abrufbar unter: *http://dip21.bundestag.de/dip21/ btd/17/060/1706051.pdf (01.08.2014)*

BT-*Drucks. 17/7453,* Beschlussempfehlung und Bericht des Finanzausschusses zum Entwurf des Gesetzes zur Novellierung des Finanzanlagenvermittler- und Vermögensanlagenrecht v. 25.11.2011, abrufbar unter: *http://dip21.bundestag.de/dip21/btd/17/074/1707453.pdf (01.08.2014)*

BT-*Drucks. 17/12294: Protokoll Nr. 17/129,* Finanzausschuss, Wortprotokoll der 129. Sitzung v. 13.03.2013 zum Gesetzentwurf der Bundesregierung: Entwurf eines Gesetzes zur Umsetzung der Richtlinie 2011/61/ EU über die Verwalter alternativer Investmentfonds (AIFM-Umsetzungsgesetz – AIFM-UmsG), abrufbar unter: *http://www.bundesgerichtshof. de/SharedDocs/Downloads/DE/Bibliothek/Gesetzesmaterialien/17_wp/ AIFM-UmsG/wortproto.pdf?__blob=publicationFile* (01.08.2014)

BT-*Drucks. 18/3994,* Entwurf eines Kleinanlegerschutzgesetzes v. 11.02.2015, abrufbar unter: http://dip21.bundestag.de/dip21/btd/18/ 039/1803994.pdf (01.09.2015)

BT-Drucksache 18/4708, Beschlussempfehlung und Bericht des Finanzausschusses (7. Ausschuss) zu dem Gesetzentwurf der Bundesregierung – Drucksache 18/3994 – Entwurf eines Kleinanlegerschutzgesetzes v. 22.04.2015, abrufbar unter: http://dip21.bundestag.de/dip21/btd/18/047/1804708.pdf (01.09.2015)

Burgard, Ulrich / Heimann, Carsten: Das neue Kapitalanlagegesetzbuch, WM 2014, S. 821 ff.

Cerny, Jochen: § 264a StGB – Kapitalanlagebetrug, Gesetzlicher Anlegerschutz mit Lücken, MDR 1987, S. 271 ff.

Dallmeyer, Jens: Das Adhäsionsverfahren nach der Opferrechtsreform, JuS 2005, S. 327 ff.

Fischer, Thomas: Strafgesetzbuch und Nebengesetze, Kommentar, 60. Auflage, München: Verlag C.H. Beck, 2013

Flick, Uwe (Hrsg.): Qualitative Sozialforschung: Ein Handbuch, 5. Aufl.; Reinbek bei Hamburg: Rowohlt-Taschenbuch-Verlag, 2007

Fußwinkel, O.: BaFin, Grauer Kapitalmarkt: Rendite und Risiko – Marktabgrenzung, Regulierung und Verantwortung des Anlegers, abrufbar unter: *http://www.bafin.de/SharedDocs/Veroeffentlichungen/DE/Fachartikel/2014/fa_bj_1403_grauer_kapitalmarkt.html (01.08.2014)*

Gänßler, Jaga: AIFM-Umsetzungsgesetz: Regelungen für Verwalter alternativer Investmentfonds, Definitionen, Begriffe und Übergangsvorschriften, abrufbar unter: *http://www.bafin.de/SharedDocs/Veroeffentlichungen/DE/Fachartikel/2013/fa_bj_2013_04_aifm_umsetzungsgesetz.html (01.08.2014)*

Giesen, Christoph / Wittl, Wolfgang / Zydra, Markus: Die Akte Midas – Mutmaßliche Anlagebetrüger S&K, Süddeutsche v. 10.03.2013, abrufbar unter: *http://www.sueddeutsche.de/geld/mutmassliche-anlagebetrueger-sk-die-akte-midas-1.1620191 (01.08.2014)*

Hagemann, Michael H.: „Grauer" Kapitalmarkt und Strafrecht, Göttingen: *Verlag V & R unipress, 2005*

Helfferich, Cornelia: Die Qualität qualitativer Daten: Manual für die Durchführung qualitativer Interviews, Wiesbaden: VS Verlag, 2007

Joecks, Wolfgang: Anleger- und Verbraucherschutz durch das 2. WiKG, wistra 1986, S. 142 ff.

Kester-Haeusler-Stiftung – Forschungsinstitut für Bank- und Kapitalanlagerecht: Die französische Kapitalmarktaufsichtsbehörde AMF, abrufbar unter: *http://www.institut-fuer-bankrecht.de/frankreich/die-franzosische-kapitalmarktaufsichtsbehorde-amf.html (01.08.2014)*

Klaffke, Martin: Anlagebetrug am Grauen Kapitalmarkt – theoriebasierte empirische Analyse aus ökonomischer Perspektive, Wiesbaden: Deutscher Univ.-Verl., 2002

Lackner, Karl / Kühl, Kristian: Strafgesetzbuch Kommentar, 27. Auflage, Verlag C.H. Beck, München 2011

Lamnek, Siegfried: Qualitative Sozialforschung, 4. Aufl., Weinheim: Beltz Verlag, 2005

LK (Leipziger Kommentar zum StGB), Hrsg. v. Laufhütte, Heinrich Wilhelm / Rissing-van Saan, Ruth / Tiedemann, Klaus, 12. Auflage, Berlin 2012, zit.: *Bearbeiter,* in: *LK,* StGB

Leuering, Dieter: Die Neuordnung der gesetzlichen Prospekthaftung, NJW 2012, 1905 ff.

Löwer, Stefan: Überraschung: Der klassische KG-Fonds lebt weiter, cash-online vom 9. September 2013, abrufbar unter: *http://www.cash-online. de/geschlossene-fonds/2013/kagb-bafin/141283/print/ (01.08.2014)*

Martin, Sigmund: Criminal Securities and Commodities Fraud, Heidelberg: C.F. Müller Juristischer Verlag, 1993, zit: *Martin,* Criminal Securities

Martin, Sigmund: Aktuelle Probleme bei der Bekämpfung des Kapitalanlageschwindels, wistra 1994, S. 127 ff.

Mattil, Peter: Stellungnahme der Kanzlei Mattil & Kollegen zum Entwurf der Bundesregierung für ein Gesetz zur Umsetzung der Richtline, 2011/61/EU über die Verwalter alternativer Investmentfonds, *AIFM-Umsetzungsgesetz – KAGB –, 2013*

Mayring, Phillip: Qualitative Inhaltsanalyse: Grundlagen und Techniken, Weinheim: Beltz Pädagogik, 2002

Meuser / Nagel: Experteninterviews – vielfach erprobt, wenig bedacht. Ein Beitrag zur qualitativen Methodendiskussion, In: Bogner, A./Littig, B./ Menz, W. (Hg.): Das Experteninterview: Theorie, Methode, Anwendung, Wiesbaden: VS Verlag 2005, S. 71–90

Möhrenschlager, Manfred: Der Regierungsentwurf eines zweiten Gesetzes zur Bekämpfung der Wirtschaftskriminalität, 1. Teil, wistra 1982, S. S. 201 ff.

Mohr, Daniel: Die Luftnummern des Herrn Schnabel, Finanzskandale (6): Comroad, FAZ v. 03.03.2009, abrufbar unter: *http://www.faz.net/aktuell/*

finanzen/finanzskandale/finanzskandale-6-comroad-die-luftnummern-des-herrn-schnabel-1149409.html (01.08.2014)

Müller-Schmale, Verena: Crowdfunding: Aufsichtsrechtliche Pflichten und Verantwortung des Anlegers, abrufbar unter: *http://www.bafin. de/SharedDocs/Veroeffentlichungen/DE/Fachartikel/2014/fa_bj_1406_ crowdfunding.html (01.08.2014)*

MüKo (Münchener Kommentar zum StGB), hrsg. v. Joecks, Wolfgang und Miebach, Klaus, 2. Aufl., München: Verlag C.H. Beck 2014, zit.: *Bearbeiter,* in: *MüKo,* StGB

Münchener Handbuch des Gesellschaftsrechts, hrsg. v. Gummert, Hans und Weipert, Lutz, zit.: Bearbeiter, in: *Münchener Handbuch GesellschR,* Band 2, 4. Aufl., München: Verlag C.H. Beck, 2014,

Nomos-StGB: Strafgesetzbuch, Kommentar, hrsg. v. Kindhäuser, Urs, Neumann, Ulfrid und Paeffgen, Hans-Ullrich, Band 2 §§ 145–358, 3. Auflage, Baden-Baden: Verlag Nomos 2010, zit.: *Bearbeiter,* in: *Nomos-StGB*

Otto, Harro: Neue und erneut aktuelle Formen betrügerischer Anlageberatung und ihre strafrechtliche Ahndung, in: Festschrift für Gerd Pfeiffer, Köln / Berlin / Bonn / München 1988, zit.: *Otto,* in Pfeiffer FS

Otto, Harro: Strafrechtliche Aspekte der Anlageberatung, WM 1988, S. 729 ff.

O.V.: Kleinanlegerschutzgesetz stößt bei BaFin auf Kritik, Börsen-Zeitung v. 16.9.2014, abrufbar unter: *https://www.boersenzeitung.de/index.ph p?li=1&artid=2014177001&titel=Kleinanlegerschutzgesetz-stoesst-bei-BaFin-auf-Kritik (01.08.2014)*

O.V.: Prokon-Insolvenz – Maas will Kleinanleger besser schützen, Handelsblatt v. 22.07.2014, abrufbar unter: http://www.handelsblatt.com/ politik/deutschland/prokon-insolvenz-maas-will -kleinanleger-besser-schuetzen/10232788.html *(01.08.2014)*

Park, Tido (Hrsg): Kapitalmarktstrafrecht, Handkommentar, 2. Auflage 2009, Baden-Baden: Nomos Verlag, zit.: *Bearbeiter,* in: *Park* (Hrsg.), Kapitalmarktstrafrecht

Richter, Hans: Strafbare Werbung beim Vertrieb von Kapitalanlagen, wistra 1987, S. 117 ff.

Rieckers, Oliver: Europäisches Wettbewerbsverfahren und US-amerikanische Discovery, RIW 2005, S. 19 ff.

Schmidt-Lademann, Walther: Zum neuen Straftatbestand „Kapitalanlage-betrug" (§ 264a StGB), WM 1986, S. 1241 ff.

Satzger, Helmut / Schluckebier, Wilhelm / Widmaier, Gunter: Strafgesetz-buch Kommentar, 2. Auflage, Carl Heymanns Verlag 2014, zit.: *Bear-beiter,* in: *Satzger / Schluckebier / Widmaier,* StGB

Securities and Exchange Commission (SEC): The Investor's Advocate: How the SEC Protects Investors, Maintains Market Integrity, and Facilitates Capital Formation, abrufbar unter: *http://www.sec.gov/about/whatwe-do.shtml (01.08.2014)*

Schönke, Adolf / Schröder, Horst: Strafgesetzbuch Kommentar, 28. Auflage,München: Verlag C.H. Beck 2010, zit.: *Bearbeiter,* in: *Schönke / Schröder,* StGB

Schröder, Christian: Handbuch Kapitalmarktstrafrecht, 2. Aufl., Köln: Verlag Carl Heymanns 2010, zit.: *Schröder,* Handbuch

Spindler, Gerald: Kapitalmarktreform in Permanenz – Das Anlegerschutz-verbesserungsgesetz, NJW 2004, S. 3449 ff.

Statistisches Bundesamt: Rechtspflege Strafverfolgung 1987, Arbeitsunter-lage, Wiesbaden 1989

Statistisches Bundesamt: Rechtspflege Strafverfolgung 1988, Arbeitsunter-lage, 2. Aufl., Wiesbaden 1990

Statistisches Bundesamt: Rechtspflege Strafverfolgung 1989, Arbeitsunter-lage, Wiesbaden 1991

Statistisches Bundesamt: Rechtspflege Strafverfolgung 1990, Arbeitsunter-lage, Wiesbaden 1991

Statistisches Bundesamt: Rechtspflege Strafverfolgung 1991, Arbeitsunter-lage, Wiesbaden 1992

Statistisches Bundesamt: Rechtspflege Strafverfolgung 2012, Fachserie 10, Reihe 3, Wiesbaden 2014, abrufbar unter: *https://www.destatis.de/DE/Publikationen/Thematisch/Rechtspflege/StrafverfolgungVollzug/Strafver-folgung2100300117004.pdf?__blob=publicationFile (01.08.2014)*

Statistisches Bundesamt, Rechtspflege Strafverfolgung, Fachserie 10, Reihe 3, Wiesbaden für die Jahre 2002–2011, abrufbar unter: *https://www.destatis.de/GPStatistik/receive/DESerie_serie_00000107 (01.08.2014)*

van Kann, Jürgen / Redeker, Rouven / Keiluweit, Anjela: Überblick über das Kapitalanlagengesetzbuch (KAGB), DStR 2013, S. 1483 ff.

VZBV (Verbraucherzentrale Bundesverband): Stellungnahme des Verbraucherzentrale Bundesverbandes v. 03.03.2011 zum Diskussionsentwurf zur Novellierung des Finanzanlagenvermittler und Vermögensanlagenrechts, abrufbar unter: http://www.vzbv.de/mediapics/finanzvermittlung_diskentwurf_stellungnahme_vzbv_2011.pdf, (01.08.2014); zit.: VZBV, Stellungnahme

Wagner, Klaus-R.: Anlegerschutzverbesserung und „Grauer Kapitalmarkt", NZG 2011, S. 609 ff.

Weitnauer, Wolfgang: Die AIFM-Richtlinie und ihre Umsetzung, BKR 2011, S. 143 ff.

Worms, Alexander: § 264a StGB – ein wirksames Remedium gegen den Anlageschwindel, 2. Teil, wistra 1987, S. 271 ff.

(ZKA): Zentraler Kreditausschuss Stellungnahme des Zentralen Kreditausschusses v. 19.04.2011 zum Regierungsentwurf für ein Gesetz zur Novellierung des Finanzanlagenvermittler- und Vermögensanlagerechts, abrufbar unter: *http://www.zka-online.de/uploads/media/ZKA-Stn-2011-04-19-Vermoegensanlagerecht.pdf (01.08.2014), zit.: ZKA, Stellungnahme*

Zieschang, Frank: Der Kapitalanlagebetrug gemäß § 264a StGB – eine überflüssige Vorschrift, GA 2012, 607 ff.

Anlagen

Expertenbefragung Nr. 1 zur Studie:

„Grauer Kapitalmarkt – Anlegerschutz durch Strafrecht?"

1. Zielgruppe: Mitarbeiter/innen deutscher Schwerpunktstaatsanwaltschaften

Bearbeitungshinweise:

Bitte tragen Sie Ihre Antworten am PC in die vorgesehenen Felder ein. Gerne stehen wir Ihnen auch persönlich/ telefonisch für eine Beantwortung in Interviewform zur Verfügung (Kontaktdaten siehe Anschreiben).

Den ausgefüllten Bogen senden Sie bitte an ki36-fhb@bka.bund.de.

Alternativ können Sie uns auch eine ausgedruckte Version an folgende Adresse zukommen lassen:

Bundeskriminalamt

KI36-FHB, Forschungsprojekt „Anlegerschutz durch Strafrecht"
65173 Wiesbaden

oder per Fax: +49 611 55 45200

Selbstverständlich behandeln wir Ihre Angaben vertraulich, die Auswertung erfolgt anonymisiert, der Datenschutz bleibt durchgängig gewahrt.

Vielen Dank für Ihre Unterstützung!

1. Anlagebetrug am „Grauer Kapitalmarkt"

Thema	Einzelfragen	Antwortfeld
Bedeutung des Delikts „Anlagebetrug"	• Welchen Anteil der in Ihrem Schwerpunktsbereich bearbeiteten Verfahren machen Delikte des Anlagebetrugs ungefähr aus? (*Bitte %-Angabe*)	
	• Und wie hoch schätzen Sie den Anteil innerhalb der Anlagebetrugsdelikte ein, die dem „Grauen Kapitalmarkt" entstammen? (*Bitte %-Angabe*)	
	• Gibt es Ihrer Erfahrung nach betrugsrelevante Anlageformen, die einen Schwerpunkt im „Grauen Kapitalmarkt" bilden? Wenn ja, welche?	
	• Worin liegen ihrer Erfahrung nach die Spezifika dieser Verfahren?	
	• Welche Strafnormen werden dabei übertreten / kommen in Betracht?	
	• Wo sehen Sie die größten Hemmnisse im Bereich der Verfolgung des Anlagebetrugs?	
	• Wie schätzen Sie die Bedeutung des Delikts Kapitalanlagebetrug insgesamt ein? (*gesell. Schaden, Dunkelfeld, etc.*)	
Verfahrensinitiierung und -ablauf	• Wie erhalten Sie Kenntnis über die Delikte? (*Bei mehreren Institutionen bitte Reihenfolge nach Häufigkeit bilden, z.B. Polizei > Börsenaufsicht > Bafin*)	
	• Welche Faktoren sind letztlich ausschlaggebend für eine Verfahrensinitiierung? (*z.B. Qualität polizeil. Voermittlungen, Schadenshöhe, Ressourcen, erwartbares Strafmaß....*)	
	• Worin liegen Ihrer Erfahrung nach die besonderen Herausforderungen von Verfahren, die Anlagedelikte im Bereich des „Grauen Kapitalmarkts" beinhalten?	
	• Auf welcher strafprozessualen Basis kommt es auf staatsanwaltlicher Seite zu den meisten Verfahrenseinstellungen?	

2. §264a StGB in der Praxis

Thema	Einzelfragen	Antwortfeld
Faktische Bedeutung des §264a StGB	• Bietet das Strafrecht ihrer Erfahrung nach an sich einen umfassenden Schutz der Opferinteressen im Bereich der Anlagedelikte?	
	• Wie bewerten Sie grundsätzlich die Schaffung einer spezifischen Strafnorm (§264a StGB)? (z.B. *Abschreckungseffekt, Symbolik.*)	
	• Wie bewerten Sie die Eignung des §264a StGB für die Anwendung in der Praxis? (z.B. *subjektiver & objektiver Tatbestand, Kausalnachweis...*)	
	• Wie viele Verfahren auf Basis des §264a werden im Jahresdurchschnitt in ihrem Zuständigkeitsbereich bearbeitet?	
	• Wie hoch beträgt die durchschnittliche Verfahrensdauer?	
	• Wie hoch ist Ihrer Einschätzung nach das Aufkommen von Verfahren innerhalb eines Jahres (auf Basis des §264a), die letztlich zu einer Aburteilung / Verurteilung führen? (*Bitte im Verhältnis angeben*)	
	• Würden Sie eine Erhöhung des Strafmaßes als sinnvoll erachten? (*Bitte begründen Sie Ihre Antwort.*)	
	• Welche Rolle spielt die Anwendung des §263 StGB für den Bereich des Anlagebetrugs? (z.B. als ,Ausweichparagraph'?)	
	• Spielt bei Problemen der Anwendbarkeit des §264a StGB Ihrer Erfahrung nach das Ausweichen auf das Steuerstrafrecht eine Rolle?	

123

3. Der Verfahrensablauf

Die folgenden Fragen beziehen sich wieder auf Kapitalanlagedelikte im Allgemeinen.

3.1 Relativierungs- und Stigmatisierungstendenzen / Zuordnung der Schuld

Thema	Einzelfragen	Antwortfeld
Stigmatisierung der Opfer / Verharmlosung der Taten	*Aussagen wie „Sie wussten doch, worauf Sie sich einlassen!" oder der durch einen Richter geäußerte Vergleich des Grauen Kapitalmarkts mit „einem großen Glücksspiel" erwecken den Anschein, dass es im Rahmen des Strafprozesses zu gewissen Relativierungs- und / oder Stigmatisierungstendenzen gegenüber den Opfern / Klägern kommen könnte.*	
	• Wie beurteilen Sie solche Aussagen und ihre Relevanz / Wirkung im Allgemeinen?	
	• Sind Ihnen solche Aussagen aus eigener Erfahrung bekannt?	
	• Finden sich solche Aussagen auch seitens der Angeklagten (im Sinne der Rechtfertigung, Neutralisierungsstrategien „Kavaliersdelikte")	
	• Spielen solche Argumentationen eine Rolle bei der Strategiegestaltung der Strafverteidiger?	
	• Ist Ihrer Erfahrung nach eine klare Abgrenzung und Zuordnung der „Schuld" im Bereich der Anlagedelikte überhaupt durchgängig möglich?	

3.2 Zivilrechtliche Aspekte

Impulsfrage	Unterpunkte	Reminder
Bedeutung des Zivilrechts	• Welche Bedeutung messen Sie in diesem Deliktsbereich dem Zivilrecht und seinen Möglichkeiten zu?	
	• Welche Möglichkeiten der Synergien von straf- und zivilprozessualen Vorgehensweisen sehen Sie im Bereich des Anlagebetrugs?	
	• Sind Ihnen Fälle bekannt, bei denen sich zivilrechtliche und strafrechtliche Verfahren gegenseitig behindern?	

4. Täter und Opfer

4.1 Die Täter

Thema	Einzelfrage	Antwortfeld
Erkenntnisse zum Täterverhalten	• Können Sie aus ihrer Erfahrung den typischen Täter in dem Bereich der Anlagedelikte skizzieren.	
	• Wie würden Sie den Professionalisierungsgrad der Täter einschätzen (z.B. *Netzwerke, OK-Relevanz*)?	
	• Wie würden Sie den Abschreckungseffekt des 264a StGB auf Täterseite einschätzen? (*Bitte kurz begründen*)	
	• Wie könnten die Normen des Strafrechts in diesem Bereich eine bessere abschreckende Wirkung entfalten?/ Was ‚beeindruckt' (potenzielle) Täter?	
	• Können Sie Entwicklungstendenzen bei den Begehungsweisen feststellen und was erwarten Sie für die Zukunft?	

4.2 Die Opfer

Thema	Einzelfragen	Antwortfeld
Erkenntnisse zur Viktimologie des Anlagebetrugs	• Gibt es aus Ihrer Sicht einen bestimmten Opfer-Typus?	
	• Welche Eigenschaften und Motive der Betroffenen fördern ihrer Meinung nach die Opferwerdung?	
	• Wovon ist Ihrer Erfahrung nach die Anzeigebereitschaft auf Opferseite abhängig?	

5. Themenkomplex Prävention, Intervention und Ausblick

Thema	Einzelfragen	Antwortfeld
Vorbeugung und Bekämpfung	• Wie schätzen Sie aktuell die Effektivität der Sanktionierung / Abschreckung von Anlagebetrug ein?	
	• Welchen Beitrag können Sie als Staatsanwaltschaft zur allgemeinen Prävention / Bekämpfung von Anlagebetrug leisten?	
	• Denken Sie, dass das staatliche Abschreckungs- und Bekämpfungsinstrumentarium ausgeweitet werden sollte (*inwiefern*)?	
	• Neben der StA sind zahlreiche weitere Institutionen (Verbraucherverbände, Gewerbeaufsicht, etc.) mit dem Anlagebetrug auf dem „Grauen Kapitalmarkt" befasst. Was könnte eine effektivere Zusammenarbeit fördern?	
	• Sehen Sie Möglichkeiten zur Verbesserung der Zusammenarbeit zwischen den strafverfolgenden/ermittelnden Behörden auf europäischer/internationaler Ebene?	
Schwerpunkt internationale / nationale Tendenzen	• Ist es aus Ihrer Sicht möglich den Anlagebetrug spürbar einzuschränken (z.B. rechtliche Repression oder Prävention durch Information)?	
	• Wie schätzen Sie aus staatsanwaltschaftlicher Sicht die Bedeutung des Deliktfeldes „Grauer Kapitalmarkt" zukünftig ein? (*Begründung*)	

Thema	Einzelfragen	Antwortfeld
Ergänzungen und Feedback	• Was möchten Sie noch anmerken?	

Vielen Dank für Ihre Unterstützung!

Expertenbefragung Nr. 2 zur Studie:

„Grauer Kapitalmarkt – Anlegerschutz durch Strafrecht?"

2. Zielgruppe: Anwälte geschädigter Anleger

Bearbeitungshinweise:

Bitte tragen Sie Ihre Antworten am PC in die vorgesehenen Felder ein. Gerne stehen wir Ihnen auch persönlich/telefonisch für eine Beantwortung in Interviewform zur Verfügung (Kontaktdaten siehe Anschreiben).

Den ausgefüllten Bogen senden Sie bitte an ki36-fhb@bka.bund.de.

Alternativ können Sie uns auch eine ausgedruckte Version an folgende Adresse zukommen lassen:

Bundeskriminalamt

KI36-FHB, Forschungsprojekt „Anlegerschutz durch Strafrecht"

65173 Wiesbaden

oder per Fax: +49 611 55 45200

Selbstverständlich behandeln wir Ihre Angaben vertraulich, die Auswertung erfolgt anonymisiert, der Datenschutz bleibt durchgängig gewahrt.

Vielen Dank für Ihre Unterstützung!

1. Anlagebetrug am „Grauer Kapitalmarkt"

Thema	Einzelfragen	Antwortfeld
Bedeutung des Delikts „Anlagebetrug"	• Welchen Anteil der von Ihnen bearbeiteten Mandate machen Delikte des Anlagebetruges aus? *(Bitte %-Angabe)*	
	• Und wie hoch schätzen Sie den Anteil innerhalb der Anlagebetrugsdelikte ein, die dem „Grauen Kapitalmarkt" entstammen? *(Bitte %-Angabe)*	
	• Gibt es Ihrer Erfahrung nach betrugsrelevante Anlageformen, die einen Schwerpunkt im „Grauen Kapitalmarkt" bilden? Wenn ja, welche?	
	• Worin liegen ihrer Erfahrung nach die Spezifika dieser Verfahren?	
	• Wie oft kommen bei Klagen neben Ansprüchen aus Vertrag auch deliktische Ansprüche im Zusammenhang mit der Verletzung eines Strafgesetzes in Betracht? • Welche Strafnormen werden dabei übertreten / kommen in Betracht?	
	• Wo sehen Sie die größten Hemmnisse im Bereich der Verfolgung des Anlagebetrugs?	
	• Worin liegen Ihrer Erfahrung nach die besonderen Herausforderungen von Verfahren, die Anlagedelikte im Bereich des „Grauen Kapitalmarkts" beinhalten?	

2. §264a StGB in der Praxis

Thema	Einzelfragen	Antwortfeld
Faktische Bedeutung des §264a StGB	• Bietet das Strafrecht ihrer Erfahrung nach an sich einen umfassenden Schutz der Opferinteressen im Bereich der Anlagedelikte?	
	• Wie bewerten Sie grundsätzlich die Schaffung einer spezifischen Strafnorm (§264a StGB)? (z.B. *Abschreckungseffekt, Symbolik.*)	
	• Wie bewerten Sie die Eignung des §264a StGB für die Anwendung in der Praxis? (z.B. *subjektiver & objektiver Tatbestand, Kausalnachweis...*)	
	• Welche Rolle spielt die Anwendung des §263 StGB für den Bereich des Anlagebetrugs?	
	• Spielt bei Problemen der Anwendbarkeit des §264a StGB Ihrer Erfahrung nach das Ausweichen auf das Steuerstrafrecht eine Rolle?	

3. Der Verfahrensablauf

Die folgenden Fragen beziehen sich wieder auf Kapitalanlagedelikte im Allgemeinen.

3.1 Relativierungs- und Stigmatisierungstendenzen / Mitverschulden

Thema	Einzelfragen	Antwortfeld
Stigmatisierung der Opfer / Verharmlosung der Taten	• *Aussagen wie „Sie wussten doch, worauf Sie sich einlassen!" oder der durch einen Richter geäußerte Vergleich des Grauen Kapitalmarkts mit „einem großen Glücksspiel" erwecken den Anschein, dass es im Rahmen des Zivil bzw. des Strafprozesses zu gewissen Relativierungs- und / oder Stigmatisierungstendenzen gegenüber den Opfern / Klägern kommen könnte.*	
	• Wie beurteilen Sie solche Aussagen und ihre Relevanz / Wirkung im Allgemeinen?	
	• Sind Ihnen solche Aussagen aus eigener Erfahrung bekannt?	
	• Finden sich solche Aussagen auch seitens der Beklagten?	
	• Ist Ihrer Erfahrung nach eine klare Abgrenzung und Zuordnung des „Verschuldens" im Bereich der Anlagedelikte überhaupt durchgängig möglich?	

3.2 Zivilrechtliche Aspekte

Impulsfrage	Unterpunkte	Reminder
Bedeutung des Zivilrechts	• Welche Bedeutung messen Sie in diesem Deliktsbereich dem Zivilrecht und seinen Möglichkeiten zu?	
	• Welche Möglichkeiten der Synergien von straf- und zivilprozessualen Vorgehensweisen sehen Sie im Bereich des Anlagebetrugs?	
	• Sind Ihnen Fälle bekannt, bei denen sich zivilrechtliche und strafrechtliche Verfahren gegenseitig behindern?	

4. Täter und Opfer

4.1 Die Täter

Thema	Einzelfrage	Antwortfeld
Erkenntnisse zum Täterverhalten	• Können Sie aus ihrer Erfahrung den typischen Täter im Bereich der Anlagedelikte skizzieren.	
	• Wie würden Sie den Professionalisierungsgrad der Täter einschätzen (z.B. Netzwerke, Organisierte Kriminalität)?	
	• Wie würden Sie den Abschreckungseffekt des 264a StGB auf Täterseite einschätzen? (Bitte kurz begründen)	
	• Wie könnten die Normen des Strafrechts in diesem Bereich eine bessere abschreckende Wirkung entfalten?/ Was ‚beeindruckt‘ (potenzielle) Täter?	
	• Können Sie Entwicklungstendenzen bei den Begehungsweisen feststellen und was erwarten Sie für die Zukunft?	

4.2 Die Opfer

Thema	Einzelfragen	Antwortfeld
Erkenntnisse zur Viktimologie des Anlagebetrugs	• Gibt es aus Ihrer Sicht einen bestimmten Opfer-Typus? • Welche Eigenschaften und Motive der Betroffenen fördern ihrer Meinung nach die Opferwerdung? • Wovon ist Ihrer Erfahrung nach die Anzeigebereitschaft auf Opferseite abhängig?	

5. Themenkomplex Prävention, Intervention und Ausblick

Thema	Einzelfragen	Antwortfeld
Vorbeugung und Bekämpfung	• Wie schätzen Sie aktuell die Effektivität der Sanktionierung / Abschreckung von Anlagebetrug ein? • Welchen Beitrag können Sie als Anwalt zur allgemeinen Prävention / Bekämpfung von Anlagebetrug leisten? • Denken Sie, dass das staatliche Abschreckungs- und Bekämpfungsinstrumentarium ausgeweitet werden sollte (*inwiefern*)? • Neben den Klägern sind zahlreiche weitere Institutionen (Verbraucherverbände, Staatsanwaltschaften, Gewerbeaufsicht, etc.) mit dem Anlagebetrug auf dem „Grauen Kapitalmarkt" befasst. Was könnte eine effektivere Zusammenarbeit fördern? • Ist es aus Ihrer Sicht möglich den Anlagebetrug spürbar einzuschränken (z.B. rechtliche Repression oder Prävention durch Information)? • Wie schätzen Sie aus anwaltlicher Sicht die Bedeutung des Deliktfeldes „Grauer Kapitalmarkt" zukünftig ein? (*Begründung*)	

Thema	Einzelfragen	Antwortfeld
Ergänzungen und Feedback	• Was möchten Sie noch anmerken?	

Vielen Dank für Ihre Unterstützung!

Leitfaden zur Studie:

„Grauer Kapitalmarkt – Anlegerschutz durch Strafrecht?"

Experteninterview mit Klägeranwälten in der BRD

Wir möchten im Rahmen unserer Studie den Anlegerschutz auf dem „Grauen Kapitalmarkt" gerne näher beleuchten.

1. Anlagebetrug „Grauer Kapitalmarkt"

Impulsfrage	Unterpunkte	Reminder
Sie kommen als Rechtsanwalt / Fachanwalt für Kapitalmarktrecht sicherlich häufig mit Kapitalmarktanlagebetrugsdelikten in Berührung. Vielleicht möchten Sie uns zunächst die Tätigkeit Ihrer Kanzlei und Ihren Tätigkeitsbereich kurz erläutern?	• Welchen Anteil der von Ihnen bearbeiteten Verfahren machen Delikte des Anlagebetrugs aus? • Worin liegen die Ihre Tätigkeit unmittelbar berührenden / beeinflussenden Spezifika des Grauen Kapitalmarktes? • Gibt es aus Ihrer Erfahrung betrugsrelevante Anlageformen, die einen Schwerpunkt der Geschäfte am „Grauen Kapitalmarkt" bilden? • Spiegeln sich in den von Ihnen bearbeiten Fällen eher allgemeine Trends des Grauen Kapitalmarkts wider?	• Wie hoch würden Sie hier wiederum den Anteil von Delikten einschätzen, die dem „Grauen Kapitalmarkt" zuzuordnen sind? (auch Statistiken vorliegend)? • Welche? • Welche Handlungen umfasst dieser? • Welche Straftatbestände spielen dabei eine Rolle? • Welche Strafnormen werden dabei übertreten / kommen in Betracht? • Delikte als ‚Spitze des Eisbergs' eines Massenphänomens oder aufgrund spezifischer ‚Deliktseigenschaften' (z.B. Schadenshöhe) ins Hellfeld geraten? • Polizei, Börsenaufsicht, Bafin…
Wie können wir uns den Verfahrensvorgang im Bereich der „Kapitalmarktanlagebetrugdelikte" vorstellen.	• Worin liegen Ihrer Erfahrung nach die besonderen Herausforderungen von Verfahren, die Anlagedelikte im Bereich des „Grauen Kapitalmarkts" beinhalten?	• Ggf. können Sie hierzu ein praktisches Beispiel näher erläutern? (Herausforderungen, Komplexität)

2. §264a StGB in der Praxis

Impulsfrage	Unterpunkte	Reminder
	• Bietet das Strafrecht an sich einen umfassenden Schutz der Opferinteressen? • Wie bewerten Sie grundsätzlich die Schaffung einer spezifischen Strafnorm (§264a StGB)? • Wie bewerten Sie die Eignung des §264a StGB für die Anwendung in der Praxis? • Welche Rolle spielt die Anwendung des §263 StGB für diesen Deliktsbereich • Spielt bei Problemen der Anwendbarkeit des §264a StGB Ihrer Erfahrung nach das Ausweichen auf das Steuerstrafrecht eine Rolle?	• Abschreckungseffekt? Symbolik? • Problematiken? (subjektiver + objektiver Tatbestand, Kausalnachweis…) • Abschreckung • ‚Ausweichparagraph'?, Anwendbarkeit / Vor- und Nachteile dieser Norm? • Wie häufig kommt dieser tatsächlich zur Anwendung?

3. Der Verfahrensablauf

3.1 Relativierungs- und Stigmatisierungstendenzen / Mitverschulden

Impulsfrage	Unterpunkte	Reminder
Aussagen wie „Sie wussten doch, worauf Sie sich einlassen!" oder der durch einen Richter geäußerte Vergleich des Grauen Kapitalmarkts mit „einem großen Glücksspiel" erwecken den Anschein, dass es im Rahmen des Zivil- bzw. des Strafprozesses zu gewissen Relativierungs- und / oder Stigmatisierungstendenzen gegenüber den Opfern / Klägern kommen könnte, was wir im Folgenden hinterfragen möchten.	• Wie beurteilen Sie solche Aussagen und ihre Relevanz / Wirkung im Allgemeinen? • Sind Ihnen solche Aussagen aus eigener Erfahrung bekannt? • Finden sich solche Aussagen auch seitens der Beklagen?	• Ist Ihrer Erfahrung nach eine klare Abgrenzung und Zuordnung des „Verschuldens" im Bereich der Anlagedelikte überhaupt durchgängig möglich? *Wenn ja...* • Würden Sie sagen, dass diese Grundhaltung auf richterlicher Seite offensichtlich wurde?

3.2 Zivilrechtliche Aspekte

Impulsfrage	Unterpunkte	Reminder
Wie bereits erwähnt, spielt das Zivilrecht natürlich auch eine besondere Rolle im Bereich der Anlagedelinquenz.	• Welche Bedeutung messen Sie in diesem Deliktsbereich dem Zivilrecht und seinen Möglichkeiten zu? • Welche Möglichkeiten der Synergien von straf- und zivilprozessualen Vorgehensweisen sehen Sie im Bereich des Anlagebetrugs? • Welche etwaigen Möglichkeiten des ggs. Hinderns beider Prozessformen sehen Sie?	• Eigene Erfahrungen mit parallel/ leicht versetzt stattfindenden straf- und zivilrechtlichen Prozessen?

4. Täter und Opfer

4.1 Die Täter

Impulsfrage	Unterpunkte	Reminder
Gerne würden wir etwas über Ihre Erkenntnisse zu den Anlegern / Opfern aber auch zu den Tätern erfahren	• Gibt es einen Modaltypus des Täters bzw. einen bestimmten Tätertypus? • Welche Rolle dürften Ihrer Erfahrung nach Rational-Choice-Abwägungen auf Täterseite spielen? • Professionalisierungsgrad der Täter? • Welche Faktoren auf Täterseite beeinflussen Ihrer Erfahrung nach die Entdeckungs- und letztlich auch die Verurteilungswahrscheinlichkeit? • Wie würden Sie den Bekanntheitsgrad des 264a StGB auf Täterseite einschätzen? • Wie könnten die Normen des Strafrechts in diesem Bereich eine bessere abschreckende Wirkung entfalten?/ Was ‚beeindruckt‘ (potenzielle) Täter?	• Wenn ja, wie würden Sie diesen (bzw. die unterschiedlichen Tätertypen) beschreiben? • Entdeckungswahrscheinlichkeit etc. • Sind Ihnen Hinweise auf Kooperationen und Netzwerkstrukturen von Tätern begegnet? (evtl. sogar Organisierte Kriminalität feststellbar?) • Sind internationale Bezüge und Schwerpunkte feststellbar?

4.2 Die Opfer

Impulsfrage	Unterpunkte	Reminder
Kommen wir nun auf die Geschädigten / Opfer zu sprechen. Gerne würden wir etwas über Ihre Erkenntnisse zu den Anlegern / Opfer erfahren.	• Welche Erkenntnisse konnten Sie im Laufe Ihrer Berufspraxis über die Anleger / Opfer von Anlagebetrug gewinnen? • Gibt es aus Ihrer Sicht einen bestimmten Opfer-Typus? • Denken Sie, dass die Betroffenen aus einer bestimmten Motivlage heraus gehandelt haben?	• Wie könnten Sie diesen beschreiben? • Welche?

5. Themenkomplex Prävention, Intervention und Ausblick

Impulsfrage	Unterpunkte	Reminder
Gerne würden wir noch auf den Themenkomplex Prävention bzw. Intervention zu sprechen kommen.	• Wie schätzen Sie aktuell die Effektivität der Sanktionierung / Abschreckung von Anlagebetrug (z.B. in Form von verhinderter Straftaten) im Vergleich zu den gesell. Kosten staatlicher Strafverfolgung ein?	• Was überwiegt Ihrer Meinung nach? Die Kosten oder die Erträge?

Impulsfrage	Unterpunkte	Reminder
	• Welchen Beitrag können Sie als Anwalt zur allgemeinen Prävention / Bekämpfung von Anlagebetrug leisten? • Denken Sie, dass das staatliche Abschreckungsinstrumentarium ausgeweitet werden sollte? • Neben den Klägern sind zahlreiche weitere Institutionen (Verbraucherverbände, Staatsanwaltschaften, Gewerbeaufsicht, etc.) mit dem Anlagebetrug auf dem „Grauen Kapitalmarkt" befasst. Wie könnte eine effektivere Zusammenarbeit aussehen?	• *Inwiefern?* • Welche weiteren Maßnahmen sind für eine wirksame Prävention durch Sanktion / Repression zweckmäßig?
	• Wo sehen Sie die Grenzen der Prävention?	• Ist es aus Ihrer Sicht möglich den Anlagebetrug spürbar einzuschränken (rechtliche Repression oder Prävention durch Information)?
Vielleicht möchten Sie uns noch einen kleinen Ausblick aus Ihrer Sicht zu unserem Thema geben.	• Wie schätzen Sie aus anwaltlicher Sicht die Bedeutung des Deliktfeldes „Grauer Kapitalmarkt" zukünftig ein?	• Welche Anzeichen sprechen dafür? • *Warum?*

Haben Sie noch Fragen oder möchten Sie noch etwas ergänzen?

Vielleicht gibt es etwas, was Sie als wichtig erachten, wir aber in unserem Gespräch nicht thematisiert haben?

Haben Sie vielen Dank für das Gespräch und Ihre Unterstützung unserer Studie.